知的生きかた文庫

一日一話、寝る前に「読むクスリ」

二見道夫

三笠書房

まえがき

就寝前の一分間、今日から明日への「転ばぬ先の知恵」

ワイシャツのボタンのかけ違いなら、二つか三つかけ直せば、それで万事ＯＫ。しかし人生のボタンのかけ違いは、後戻りもかけ直しも不可能なことが多く、致命的な場合もある。

世間ではよく、「失敗を恐れるな！」と言われる。当然のことながら、この言葉の真意を汲み取れないまま直訳的に行動するよりは、失敗を未然に防ぐことのほうがはるかに賢明な生き方であることは、言うまでもない。

そのための発想や価値観こそ、人生における「転ばぬ先の杖」ならぬ「転ばぬ先の知恵」そのものである。

しかし人間なればこそつまずくこともある、失敗することもある。つまずいたこともない、失敗したことも自分にはない、という人を私は信じない。

若い頃、大病をわずらい、数年間を病院のベッドで過ごしたある大物経営者は「いい年になって、過去に一度も大きな失敗をしたことがないという人の仕事は、危なっかしくて見ておれない」と言う。

失敗した人は、なぜ失敗したかを追究し、物事のポイントを学んでいくが、失敗経験のない人にはそこがわからない。その結果、得てして失敗が似合わない年になってから、取り返しのつかないような大失敗をしやすいというのである。

この経営者は、さらにこうつけ加える。

「百万円の損を招く失敗でも、辞めてほしいと思う人もいれば、一億円相当の失敗でも引き続いて頑張ってほしい人もいます」

つまり、同じ失敗でも、価値や教訓の残らないゴミみたいな失敗もあるということだ。実際に失敗の価値を決めるのは、その人自身の人生に対する心構えだと言える。多かれ少なかれ誰もが失敗するのであれば、より前向きにその失敗を受け止め役立たせた者が、その後の人生において大きな飛躍を果たすことは間違いない。

ここ数年、私たちを囲む環境は、大きく変わった。

元号が平成に変わった頃、厚さ二、三センチのテレビは、まだ夢の世界の話だった。しかし、いまは買おうと思えば誰でも買える。またインターネットの広がりで、現金を使わないデジタルキャッシングの時代到来も、もう目前に迫っている。

しかしその一方で、これまで安定した生活を約束してくれていた「定期昇給制度」（賢者も愚者も、ともに昇給すること）は、個人の能力を重視する欧米型企業の増加によって、徐々に消滅の道をたどっている。今後は、仕事で実績ある者のみが昇給する「特定者昇給制」が増えていくはずだ。

それにともなって、会社の〝個人を見る眼〟もますます厳しくなっていくだろう。周囲を三六〇度見回しても、一つの失敗が次のつまずきを誘発し、いままでのように失敗を容易に取り戻すのが難しい環境になりつつあることは間違いない。

そんな中にあって本書で述べていることは、この厳しい時代を力強く、かつ賢明に生き抜くための「知恵と秘訣」を伝授する〝賢者の法則〟であるとも言える。

一日一項目でいい、本書を寝る前の「読むクスリ」として、ぜひ明日からの生き方に役立ててもらいたい。今までの生き方とはまるで異なる、明るく洋々とした人生が展望できるようになるはずだ。

二見道夫

一日一話、寝る前に「読むクスリ」▼目次

第二章　〝外の風〟に吹かれて自分を知る　39

第三章 〝リターンマッチ〟で勝てばいい 61

第四章 〝ワザ〟には年を取らせない 83

第五章　この〝当たり前〟ができますか　105

第六章　その口、〝開けっぱなし〟にご用心　127

第七章　「今日は何をやろうか」では甘すぎる　149

第八章 あなたの〝商品価値〟はいったいいくら？ 171

第九章　奇跡を起こす二つのエネルギー　193

第十章　人生〝分け目〟の複合作戦　215

第一章

人生最高の〝ご馳走〟を味わうために

1 致命的なコンプレックスを見事克服した〝砂詰め一升ビン〟

ほどほどのコンプレックスは持っているほうがいい、と私は思う。これが強すぎると、「俺はつまらん人間だ」とか、「私は何をやってもダメな女」と思って、自分自身をいじめてしまう。そうでない場合は厚顔で図々しい人間になりやすい。それが、ほどほどのコンプレックスとなると、自分の弱さをバネにして逆転することさえ可能になることが少なくない。

コンプレックスのもともとの心理作用は、周囲と自分自身を秤にかけて、その優劣の差を認識しようとする比較意識にある。だからコンプレックスに全く悩まない人というのは、周囲と自分とを比較する意識がゼロに近いわけだから、一般に〝蛙の面に小便〟という人が多い。極端に図々しい人間、要するに唯我独尊タイプだ。対人関係が、自分中心に動いていると錯覚し、しかも本人はまったくそれに気づいていない。

ところが、ほどほどのコンプレックスは、「自分はこれこれの点で、周囲に劣っている」と自覚することができるのである。

〝生涯一捕手〟を宣言し、かつてはヤクルトスワローズや阪神タイガースの監督も務めた野村克也さんなど、まさにコンプレックスをバネにした人と言っていいだろう。プロになったばかりの頃、野村さんはセカンドまで球が届かなかった。バウンドでやっと届くありさまだった。そのあとでこんな声が聞こえてきたという。

「これじゃ一人前にはなれないな。使いものにならんよ」

当然ほかのプロたちとの比較による指摘だ。しかし野村さんは、この痛烈な指摘をバネにして、何をする際にも、一升ビンに砂を詰めて持ち歩いた。手首の力を鍛えるためである。そして頑張りぬいた末、攻守そろった日本一の捕手になった。

ほどほどのコンプレックスというのは、「周囲に比べて、自分のどこがどのように劣っているんだろうか」と、冷静に自己の弱点を見つめようとするものである。その点、コンプレックスなんか関係ないという自己過信型の人は、自分の弱点に気づかない。気づこうともしない。何十年ぶりかの同窓会で、決して目立つことのなかった控え目な人が、猛々《たけだけ》しいくらいに変身している例は多い。これもコンプレックスを克服した賜《たまもの》であろう。

コンプレックスに負けると、ますます自己卑下に傾くが、ほどほどのコンプレックスは前向きに自己実現欲を燃えたたせるものである。私は仕事柄、大勢の人の前で話すことが多いが、以前は人前で話すことが最大の苦痛だった。しかしこれを弱点として真摯《しんし》に受け止め、直すように努力したため、今では見事、克服することができた。これもコンプレックスのお蔭かと思っている。

2 「失敗を恐れるな」の有効期限

「失敗を恐れるな」、世間ではよく言われている。これを聞いたり読んだりして、その言葉の上っ面をストレートに解釈する人は、ずばり言って半人前だ。

失敗すれば、何らかの形で自分の会社や組織に損害を与えるのは当然である。だから、失敗はせずに、会社に利益をもたらす成功をしてほしい。これがホンネなのである。

ただ、「お互いに人間だから、成功成功また成功ということはありえない……」という経営トップの人間的配慮と、失敗にびくびくして前例踏襲ばかりする人間に勇気を与え、チャレンジ精神を高揚するための言い回しなのである。

「失敗を恐れるな」という真の意味は、①もっといい方法はないか、いまの仕事のやり方を疑え。仕事を革新することにびくびくするな、②三十の失敗をしたら、次の成功で三十以上のプラスを取り返すつもりでチャレンジせよ、ということであろう。

わが国でもむかしは、減点主義の人事評価が多かった。何も革新的な事をしなければ失敗をするはずもない。したがって減点にもならない。これでは組織に生き生きした空気は生まれるはずがない。

いまは違う。減点主義は加点主義に変わった。たとえ三十の失敗をしても、八十のプラス成果を創出した人間ならば五十の分を加点して、何もせず組織にぶら下がる人間以上に評価をしようというわけだ。

さてここで、経営トップが社員に求める失敗の本質とは、いったいどんなものか。それを実にスパッと切れ味よろしく語る人がいる。ミサワホームの三澤千代治社長だ。

「百万円の損を出す失敗でも、辞めてほしいと思う人がいます。一方には、一億円の失敗をしても、辞めたりせず働いてほしい人もいます」

要は失敗の中身の問題ということだ。

ろくすっぽ勉強も研究もせず、組織全体の勢いに便乗したうえで失敗するようなことを指して、「失敗を恐れるな」と言っているのではないのである。

また、その激励の対象になるのは、せいぜい二十代までである。三十代にもなって、この言葉を鵜呑みにしているようでは、あまりにも幼稚と言うべきであろう。いままでの経験や知識をベースに、大きな成果を稼ぎ出さなければならない年代になって、失敗を恐れるな……に悪乗りするのは、情けないと自覚しておくべきだ。

3　十一本の「金《かね》のなる木」

あるとき徳川家康が近臣に向かって、「金のなる木を知っておるか。もし知らずんば余がこれを示さん」と言ったという。

そして、まず三つの木を示したそうだ。

第一は「しょうじ木」、第二は「じひふか木」、第三は「よろずほどよ木」。

そばに控えていた細川幽斎に対しても、「ほかにも金のなる木があるはずじゃ。示してみよ」とうながした。

すると幽斎は八つの木を示し（別図）、合計十一の「金のなる木」を枝ぶりで紹介した。

私はこれらの木の中から「しんぼうつよ木」を取り上げたい。

いま、暖衣飽食で育った若者には辛抱心がないとか、仕事をすぐに辞めてしまうなどという指摘がある。

ではこれを克服し、辛抱強さを身につけるにはどうすればいいのだろう。

たとえばここにA、B両氏がいるとする。困難度70の仕事をした場合、Aは、「いやあ、参ったよ。もうこりごりだ」と弱音を吐いた。一方Bの場合は、「大したことないよ。まあ楽な仕事だね」と感想を述べた。

この両者の意識の差は、おそらく過去の困難克服水準の違いから来ているはずだ。Bの場合は、もしも過去に90レベルの仕事をしていれば、差引き20に相当する分だけ、「楽だなあ」と思うはずだ。Aの過去最高の困難レベルが60だとすれば、上乗せの10レベルだけ、「参ったなあ」ということになる。

そういう意味で、精神的にも肉体的にも、限界に挑戦するという強い気持ちで、若いうちにハイレベルの困難克服経験をしておくがいい。

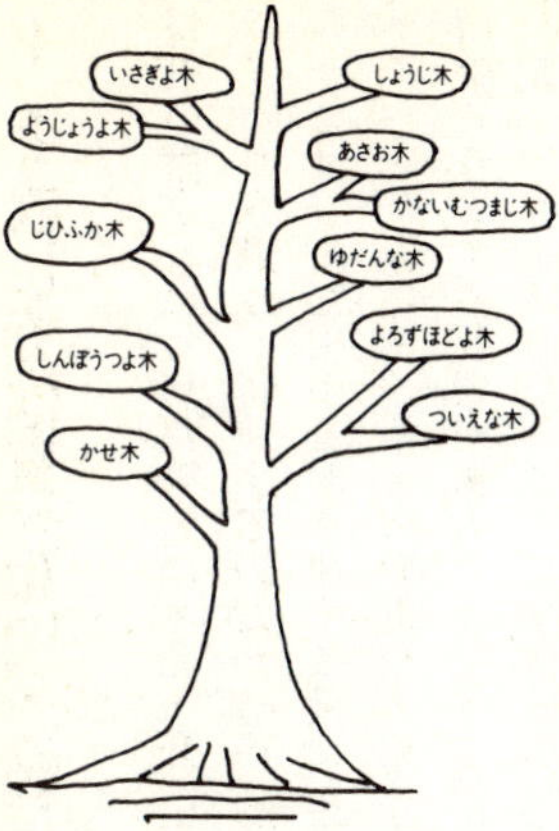

私の場合は、二十代に三日三晩ぶっ通しで仕事をした苦しい経験があるものだから、いま相当困難な仕事に直面しても、それほど苦痛に思うことはない。

「性格とは、過去の習慣の蓄積と、衝撃的な経験でつくられる」と私は思う。「しんぼうつよ木」という辛抱力が、金を呼び、生きがいも呼び寄せるのではないか。

4 手放しでは喜べない〝ご馳走〟の分け前

将棋の鬼才と言われた第四代名人・升田幸三九段は、生前よくこう話していた。

「ライバル意識は、勝負するのだから当然必要だ。しかし、それは敵愾心とは違う。敵愾心というのは、ただ相手を叩き潰すことにだけ眼目が置かれているからね」

ライバル意識には、相手の力量や人格にも敬意を払い、そのうえで競争して負けないように頑張ろうとする要素がある。ところが敵愾心には敵意だけでそれはない。いわば、切磋琢磨することがないのだ。これでは自分の世界が小さくなって、心を貧しくする。自縄自縛で心を卑しめるものである。

たとえば、自社よりずっと業績のよかったライバル会社の落ち込みの噂を聞いたとする。

「〇〇社は、去年の新規事業への投資が裏目に出て、手形決済が危ないそうだ」というような話に「ザマー見ろ」と思ったりする。ライバルが少ないほど、〝ご馳走〟の分け前は多いからだ。こういう反応までは、心情的にわからないでもない。

ところが、こういう心理が個人の領域にまで持ち込まれたA君の場合は問題だ。

ライバル（あるいは同僚）が業績を落とす、よくない噂が出る、「赤字を出した！」という情報をキャッチする。すると、「ああ、よかった。B君もダメなんだって!」とホッとする。自分自身が危機的状況であることも忘れ、ニッコリする。これではもうビジネスマン失格と言われてもしかたがない。

ズバリ言って、自分の成績低迷を回復できないで、ライバルの成績低迷にホッとするA君の気持ちは、同病弱者の出現に、「ダメなのは自分だけじゃないんだ」という自慰的な、何とも憐れな心理なのである。こうした同病相憐れみの心理に陥るのは、もうこれ以上〝勝つ戦略〟の出て来る可能性はない、ということである。

こんな人に限って、ライバルが好調のときにはつまらぬ嫉妬心を抱いたりする。実際、このA君の場合もそうだった。B君の好調時にも指をくわえているだけで、では自分はB君と比べてどこが足りないのか、自分はいま何をすべきなのか、反省もしないのである。

あなたの周りにも、こんな人はいないだろうか。また、A君ほどひどくはないにせよ、あなた自身が、そのように考えた経験はないだろうか。つまらぬ「一喜一憂」を捨てて、仕事に真摯に取り組む姿勢こそ、長い目で見て「転ばぬ先の杖」となる。

ライバルは自分の成長のための原動力と考えるべきである。ライバルが好調のときには、それに負けじと努力し、ライバルが振るわないときには、その姿を見て、いま一度自分の姿を振り返る。これでこそ、まっとうな「ライバル意識」の持ち方と言えよう。

5 「大きいソロバン」をはじくから大きな利益が出る!

「小さなソロバンではじけば『損』と出ても、もっと大きなソロバンではじけば『益』と出ることもある。このことは仕事のみならず、人生万般に通じて非常に大事なことだ。これこそ〝人生の見通し〟というものだろう」

これは、三越の社長を務めた岩瀬英一郎さんが語った言葉だ。

この言葉にはいろいろと思い当たることがあるが、身近な例として私のことを書く。

もう古い話である。私は三十五歳のとき、S社を辞めていまの仕事への第一歩であるコンサルタント会社へ移ることにしたが、給料は下がることになる。

田舎の母に告げたら、「そのコン何とかいう仕事でめしは食えるのか」とか、「世間に顔向けできんような仕事じゃないだろうな」などと、ずいぶん心配されたものだ。

岩瀬さんの言う小さなソロバンではじけば、せっかく手に入れた管理職のポストを捨て、収入ダウンになることを考えると、老母ならずとも、妻さえも損な話と受け止めた。

しかし、コンサルタントの仕事はこれからますます増える時代になるに違いない。そう思うと同時に、「これで、十五年間考え続けてきた自分自身の〝やりたい仕事に思う存分没頭できる〟」という気持ちのほうが、強く燃え上がったものだ。

確かに「収入が減る」ことも痛感した。現に、コンサルタント会社に移ると同時に、ずっと使ってきた愛車を売り払ったのも、収入減が大きな理由だった。

しかしあのとき収入減を恐れ嫌って、小さなソロバンで人生の進路を計っていたら、いまの私は存在しないことは間違いない。

貧乏な家に生まれた私は、無一文からの出発である。小さなソロバンであのまま歩んでいたら、とてもじゃないが、都心に事務所を買ったり、東京区部に土地を買って家を建てたりすることはできなかったに違いない。私なりの大きなソロバンをはじき、目先は損、いずれは益と読んだからこそ、現在の自分があるのである。

顧問先会社の採用人事で応募者と面接すると、自分の能力はそっちのけにして、「前の会社ではいくらもらっていたから……」ということにこだわって、それ以下の給料では働けないという考えに執着する人が多い。こういう人の中にも、もう少し大きいソロバンを持ったらよさそうな人が多い。目先の損得だけで働くようでは、たとえ大臣を経験しようとも、いずれは大きなつまずきにあう例を、私たちはずいぶん見てきたものである。

ただ、大きなソロバンは売ってはいない。〝自家製〟なのである。人生に対する物の見方・考え方が、大きなソロバンづくりの材料になるはずである。

6　人は〝耳の大きな人〟にこそついていく！

松下幸之助さんが現役時代には、経験の浅い取材記者たちは、「一本取られた！」と思うことがしばしばあったそうだ。その原因は、松下さんの聞き上手にあったという。

「社長、これこれについてどうお考えですか」と記者が質問する。すると回答の第一声はこうだったそうだ。

「うん、そうやなあ。しかしあんたたちもいろいろ勉強しているやろうし、あんたはいったいどう考えてるんや」

その尋ね方がうまいものだから、尋ねられた記者はぺらぺらとしゃべってしまう。約束の時間がきて辞去する。そこではじめて、「しまった！」と思うのである。取材をしに訪ねたのに取材されて戻ってくるわけだ。

松下さんにかぎらず、周囲の人望や協力を多く得られる人というのは、人にものを尋ねて聞き役になることを嫌がらないものである。

ということは、心を小さく閉ざしている人というのは、どうも聞き方が上手ではないようだ。中には、相手が好意で言っていることすら、「私が、物事を知らないと思って見下している」という歪んだ受け止め方をする人さえいる。

私はいろいろな集まりで多くの人に尋ねてみる。

「あなたの話を、うんうんとか、なるほどと相槌を打ちながら聞いてくれる人と、逆にあなたを相手に懸命におしゃべりをする人のどちらに好感を持ちますか」

するとほとんどの人が、「話を聞いてくれる人」と答えるのである。

もうお察しと思うが、上手な聞き手というのは、人から好かれるのである。好かれれば、自分のやりたいことに協力してくれる人、力を貸してくれる人が、当然それだけ増える。たとえば売り込みのセールスマンでさえ、セールスとはしゃべることと言わんばかりに話しすぎる人に、決して成績のいい人はいない。

人の話を聞くのが苦手とか下手という人は、どうも小さい自分だけの世界に閉じこもっている人ではなかろうか。自分だけの世界に身を閉じ込めると、心まで閉じて聞く耳まで塞がってしまうのではあるまいか。「なるほど」、とか「いい話ですね」、あるいは「とても勉強になる話を聞きました」とか相槌を打って、相手の話を聞く。

相手は、あなたへの好感を抱きしめて、その日を楽しく過ごし、それはやがてあなた自身に大きなプラス反応として戻ってくるはずである。

7 人を鍛える貧乏、腐らせる貧乏

「金を融通してもらえないだろうか」という頼みを受けたことがある。彼が希望する金額ほどなら用意しようと思えばできたが、私は遠回しながらお断りをした。

彼とは、五十代の知人の男性のことである。

その理由は、用途が借金の穴埋めであること、いわゆる後ろ向きに金を振り向けようとしていたからだった。しかし、それよりもっと大きな理由は、彼の生き方自体に対する不信感が私にあったからだ。

人生本番は大学卒業後が長いと言われるが、その長い人生の生き方を象徴的にとらえると、彼はたっぷりと酒に浸った。

飲むと必ず、タクシーでわが家へご帰館だ。なあに、タクシー代が五千円だろうと一万円だろうと、領収書さえあれば、ちゃんと会社から金はもらえる。社用族という甘い汁をたっぷりと吸い続けたのである。

習慣というのは恐ろしいもので、自分を取り巻く条件が変わり、それまでのように社費を自由に使えなくなった現在も、なお行動慣性の法則として身体にこびりついている。変わっていく環境の中、彼は変わらぬ行動を続けているのである。

いま彼は金に追われている。五十代というのは、人生の残りの耐用年数がぐっと少なくなっている重要なライフステージ。ぼつぼつ花道を通って舞台から降りるためにも、思い切り大輪の花を咲かせる時期だ。

ところがこの年になって貧乏というのは、むごいようだが見苦しい。自ら引き寄せた貧乏だけに、見苦しいと言わざるをえない。彼と似たような道をたどり、似たような結果にぶち当たりそうな人が、世間には少なくない。

二十代のような若いときの貧乏は、見苦しいどころか、人物を鍛える試練になる。堂々と自分のサクセス・ストーリーを語っておかしくない成功者には、「何歳の頃は、この家の二階に間借りして、大家さんの奥さんにも面倒をかけました。あの奥さん元気かなあ。ずいぶん家賃をためたりして……」などと、若い貧乏時代を語る人は多いものだ。

しかし世間で熟年とか実年などと呼ばれる年になって貧乏というのは、むかしから言われるように〝金の無い人間は、刀を持たない侍と同じ〟である。

若いときの貧乏は人を鍛えてくれる。しかし年を取ってからの貧乏は、その人自身を腐らせることが多いものである。若いときこそ、自分の〝刀〟を鍛えておかねばならない。

8 「後思案、居計らい」に賢策なし

「腰抜け武士の後思案」という言葉は、祖父母あたりから聞かされたとは言え、昭和一ケタ生まれの世代くらいまでの記憶にしかないだろう。

実戦では、からっきし役立たずのくせして、後であぁだこうだと後講釈や思案をするへっぴり腰の武士という意味である。

似たような言葉は他の国にもあるもので、諸葛孔明の軍談と言われるものに、「腰抜けの居計らい」というのが記されている。自ら動こうとはせずに、頭の中だけでいかにも賢そうなことをしゃべる臆病者という意味である。

昨今の政治家たちは、腰抜けの居計らいと言えなくもない。自らの利害得失や派閥抗争前哨戦に汲々としているのではないか。

さて、政治家のことは置いておいて、私たちの身辺にも、こうした人たちが少なくないのではあるまいか。

こういう後思案タイプの特徴は、とにかく過去をよく語るのである。未来を建設的に語るのではなく、過ぎたことを、しかも多くの場合、人への批判を交えて、「だから、あれでは

ダメなんだ」とか、「あのやり方ではなく、これこれのやり方をすればうまくいったはずだ」という言い方である。

Aさんは、一流大学を出た、いわゆる学（歴）あり、金ありの人である。

しかし彼は、四十歳の頃も、五十歳になっても、自ら行動して物事の渦中に飛び込むことはせず、渦の外からあれじゃダメだとか、「彼らには、行動哲学というものが育ってないよ」などと言い続けて、とうとう六十歳になってしまった。

親から遺された土地はとうとう人手に渡り、同じく親から引き継いだ会社も小さく縮んでしまった。Aさんを社長として仕えるに足りずと見限った部下たちが、優秀な順に離れていったのである。

なぜそうなるかと言うと、たとえば「新規客を開拓せよ」と部下たちには指示する。しかし一方で、根気よく自分に売り込みをかける他社の営業マンを、「しつこい奴だ」と部下たちの前で一蹴する。それで部下たちはA社長の真意を計りかねるのである。本来、「感心な営業マンだ、彼を見習え」と言うべきことにAさんは気づかないのである。

居計らい型の人というのは、人心に鈍感なのも共通するようだ。他人の気持ちを推し量れない者には、賢策はなかなか生まれない。

9 〃かまってもらいたい〃症候群に浸り切ってしまうと……

かつて私の自宅は、東京から秩父方面への観光ルート上にあり、日曜ともなると、多くの親子連れでにぎわっていた。そういう電車に乗り合わせたこともしばしばあるが、そのたびに思うことは親の子どもに対する過ぎたる愛だ。

小学生の下級生程度の子どもを呼んで「○○ちゃん、ここが空いている……」と言って、わが子を呼び寄せて座らせている。そして親はどうかと言うと立っている。もっと幼い子ならまだしも小学生にもなった子どもにこの態度は、過保護としか言いようがない。

私のやり方がベストだと思っているわけではないが、私の場合「お父さんを座らせてくれよな、きみは元気一杯の子どもなんだから」と言って、息子を立たせたものだ。

老人がいるときは、「席が空いていますと言って、あのおばあちゃんを呼んでおいで」と言って席を譲った。いったいなぜ、こうしたのか。私なりの考え方を述べてみよう。

まず第一は、他人に対する思いやりである。人を押しのけてでも座ろうとする卑しい心を、子どもにすみつかせないためである。第二は、自律と自立の精神を植えつけるためである。

私の考え方は、一応成功していると満足している。席を譲るのが恥ずかしい、という若者の心理指摘もあるが、これも親のしつけのなさに根差す問題だと思う。「○○ちゃん、席が空いているよ」と言って、親が立って子どもを座らせるような育て方では、子どもは、親への思いやりさえ持てずに成長するのではあるまいか。親として、わが子の我慢とか辛抱の精神を、自分自身が刈り取っていることに気づく賢明さがほしい。

話は変わる。母親が子どもを殺した事件があった。週刊誌が背景を詳細に調べて書いていたが、それによるとやはり過保護が原因であった。

その家庭では、父親が早く死んだ。幸いにしてアパート収入があり、生活は不自由なかった。母親は、「父を亡くした不憫な子」という思いから、小遣い銭だけは子どもが望むままに与えた。やがて成長して金額が大きくなると、金を出ししぶる母親に暴力を振るって、まさに強奪同様に金を使うようになったというのである。そして「このままでは、生活の命綱のこのアパートまでなくしてしまう」と恐れたあまり、子殺しという恐るべき事件を引き起こしてしまった。「私が、子ども可愛さ一心で甘やかせたのがいけなかったんです」と言う母親の後悔は、人々の同情を誘ってはみても、不幸な事件は消えない。

最近、子どもをペットと同じような感覚で、ただただかわいがって育てることしかできない親が増えている。その結果、与えられることに慣れ切った子どもは、人に何をどう与えるべきかを知らないまま社会に出て、人間関係で大きくつまずくこととなる。

10 なぜこんな程度の〝詐術〟が見抜けないのか

たとえば身体のこと、つまり健康の維持についてだが、正しい知識を持つ人とそうでない人の対処の仕方は天地の開きがあるのではあるまいか。もちろん結果も大きく差がつく。

Eさんは親しい知人に、「親切な医者だ」と言って、自分が信頼している医者のことを語るが、その話によると、ここ三カ月ほどもかかって検査を続けているというのである。「ええ、三カ月も？」といぶかる知人に、「検査だけはしっかりしなければいけないと言って、慎重に検査をしてくれる」と、何の疑いも持たずに医者をほめる。

実はEさんは、肝臓の健康指数と言われるGOTやGPTに正常値から多少外れる数値は出るものの、三カ月も検査を要する必然性は全くなかった。医者の算術に引っかかって、医者を逆評価していたのである。この程度のことなら、身体に関して基本的な知識を持っていれば、十分見抜けたはずだ。

しかし、こんな例はまだいいほうだ。「身体がだるい」と言うSさんに、ある知人は、「医者で調べてもらったほうがいいよ」と勧めたが、いくら言っても過労といって聞かなかった。Sさんはいまはいない。亡くなったのである。もしSさんに正しい知識があったら、病気にも正しく立ち向かえて命の無駄遣いはしなくて済んだのではあるまいか。

このような話は、健康にかぎったことではない。ペーパーゴールド商法にだまされた多くの人たちは、「絶対に、すごく儲かる」という話をあまりにも簡単に信じたのではあるまいか。こういう話を判別するのは、そう難しくはないと思う。「そんなに儲かるなら、人に教えないで本人がやるはず」という、極めて常識的な考え方ができるか否かだけである。

また、よくある会員制のリゾートホテルの勧誘にしても同じだ。「安い費用で、避暑も年越しもできます」という売り込みをする。私の知人にも何百万円も払って会員になった人がいるが、「申し込んだが、いつも一杯でダメだと言う。約束が違う」と怒っている。

これも、ごく常識的に考えてみる。ホテルを使用したいと考える時期は、みんな集中するはずで、三百の部屋数に四百の申し込みがあったらどうするのだ。「優先的に部屋を確保する」というセールストークが、かなりの虚飾であることはわかるはずである。

人生万般、知ると知らざるは、幸福への階段を上るか、それとも不幸が待つ迷路に迷い込むかの違いがあると言っても言い過ぎではあるまい。

「現在の不幸を自ら招いた若い頃の、粗暴で無計画な原因が老人という仮面に隠されている」という一文を読んだことがある。そういう冷たい言葉を浴びせられないように心したいものだ。

第二章

〝外の風〟に吹かれて自分を知る

1　カリフラワーに住む〝虫〟になるな！

私がいまの仕事を始めるとき、指導をしていただいたのが、コンサルタント会社タナベの田辺昇一社長である。私が田辺社長を師として畏敬してやまないのは、こういうことである。先生は東北大学を卒業するや、なんと、名もない町工場に入社した。象牙の塔での勉強に大きな意義があることは当然だ。しかし、仕事で名を成すためには、まず現場を知らなければならない。先生はそのために、あえて大企業ではなく小さな町工場を選んだのである。

そういうことを面白おかしく聞いたり、読んだりすることはできても、いざ「きみにやれるか」と迫られると、返事もできない人間が多い。

もう一人の人物を紹介しよう。

私は昭和九年の生まれだが、その前年の八年に早稲田大学の理工学部を卒業した男がいる。彼は当時一流中の一流と言われた東京芝浦電気（現・東芝）を志望したが、残念ながら不合格。映像や音声を研究する小さい会社でサラリーマン生活のスタートを切った。

その後彼は、そこで得た人脈を活用して研究所を設立、日本最初のテープレコーダーやトランジスタラジオなどのヒット商品を開発し、それらはまたたくまに世界中に知れわたった。

この人とは、ソニーの創業者である井深大さんである。

なぜ、こんな話を紹介したかというと、人間の発想というのは、その人の〝知識・経験の幅を超えて出ることはない〟からである。狭い経験、狭い知識の人は、ユダヤの格言どおり「カリフラワーに住む虫は、カリフラワーを世界と思っている」というタイプなのだから、それだけの範囲でしか生きる知恵も出てこない。カリフラワー的な発想にとらわれているからである。

そんなわけで、生かす経験ならば多いに越したことはない。作家の野坂昭如さんは、「小説で食えない頃は、よその家の犬猫のシャンプーをして生活費を稼いだこともある」と言う。私の場合、犬猫のシャンプーはしなかったが、もし細目まで書くならば、私の履歴書は市販の用紙では数枚を要するだろう。

そういう経験に対し私は、このうえもなく、「ああ、貴重な経験をさせてもらった」と誰にともなく感謝したい気持ちでいっぱいである。「みなさまのお蔭でうまいめしが食えます」と言いたい。

豊かな混合経験が豊かな発想を生み出し、人生を強く生きる〝起爆薬〟になるのである。ペットも純血種よりも混合の雑種が頑健ではないか。

2 人の〝異見〟は神の言葉と思え

「石垣論」を持論にしている人がいる。新日鉄の社長を務めた武田豊さんである。その石垣論によると、たとえば城の石垣を見る。大きいの小さいの、形の整ったものいびつな形のもの、隣の岩とぴったりくっついたものもあれば、隙間があってその間に小さい石ころが詰まったもの、いろいろあるではないか。それでいて、いやそれだからこそ何百年も何千年も石垣は崩れない、というものである。

人間関係も同じことが言えると思う。

たとえば一人が、「右に行こう」と言えば、ほかのみんなも「そうだ右へ行こう」とたちまち意見が一致する。そこまで同じ考え方の人間、似たような発想の持ち主が集まって事業などを興した場合、多くは失敗するのである。

私の知るある人も、その人自身の能力にはすごいものがあるというのが、周囲のもっぱらの評価だった。しかし、その人は自分の気に入った者ばかり集めて事業を興した。当初は成功するかに見えたが、やがて失敗するアイデアについても誰も反対せず、みんなが、そうだそうだと賛成をするから挫折の方向へ向かって一斉に突っ込んでいったのである。

もちろん、異なる意見は全く受けつけないという、この知人のワンマン性が、失敗の背景にあったことは否めない。

私たちは紛れもない人間である。だから、ときには間違いを間違いと気づかずに進もうとすることがある。そのときに、「きみ、それはおかしいのじゃないか」と一言言ってくれる友人がいるか否かは、人生にとって非常に重要なことだ。

立派な岩だからと言って、それと同じ形ばかりを周りに並べたのでは丈夫な石垣はできない。ある経営者は、「うちの会社は動物園ですよ、ライオンもいれば羊もいましてね」と笑っていたが、こういう人はかえって石垣論の本質を熟知した人である。

だから、仕事上手というか、頭が切れるというか、大きな視野で仕事をこなす人というのは、必ずと言っていいくらい、人脈にその仕事上手の背景を見ることができる。つまり、人脈が多彩なのである。「ええ？　あの人も彼の友人か」と思いたくなるような、多くの人とのつき合いがある。

言い換えれば、自分とは趣味の違う人、自分とは性格の違う人、自分とは職業の違う人、自分とは考え方の違う人、それでいてある部分で共通の何かを持つ人。こういう豊富な人脈を持っているものである。

異見の意見を言ってくれる人脈を大切にしたいものだ。

3 そのフットワークの軽さが「裏目」に出ると……

東北大学の学長である西澤潤一先生は、半導体や光通信関係研究の世界的権威である。先生が、学生について、閉口していることがある。

学生たちに、ある実験をさせる。すると当然のように結果が出るのだが、ここで、〝若者の創造性の乏しさが出る〟ということである。

「『先生、実験の結果はこう出ましたが、文献を見ますと、違うように書いてあります』こう言って文献から離れられず、実験結果を疑っているのですから困ります」

と西澤先生は語る。

若い頃というのは、自己主張をするものである。していいと思う。それが若さ＝エネルギーというものである。ただ、経験者、目上の人などから、その主張に対して疑問の声が返ってきたら、聞く耳を持ってほしい。

本田技研工業の副社長を務めた西田通弘さんは、こう語っている。

「意欲を持つのは大いに結構なことだ。しかし、新しいことを実行するとき、少なくとも半年は待ちなさい」（転勤で新職場に配置になったときなどを指している）

その背景を、西田さんはこうも語る。

「若い人は感受性が鋭敏なので、〝おかしいな？〟ということを瞬間的に感じる。若さというのは、フットワークの軽快さでもあるから、すぐにやりたがる。そして、職場の過去の経験や体験のないまま、理屈だけで突っ走ろうとする。

その職場では、とっくに、その若者が主張していることをやり、試行錯誤を繰り返したあげくに、今日の形態を取っているという場合も多いのだから、周囲の意見を聞く心のゆとりもほしい」

若いときに大変な苦労をして成功した人の中には、大胆かと思うと細心、細心かと思うと一見無謀と思える決断をする人がいるが、こういう人は、「止まるところでは止まる」という自己制御力が優れているものである。

車にたとえると、エンジンとブレーキの関係だと思ってほしい。若さというのは、もともと〝エンジンのパワー〟である。しかし、このパワーだけで、ブレーキが故障していたのでは、いずれ暴走して事故を起こす。そういう例は、いまも昔も後を絶たない。

積極性は失うな。ただ、強い自己執着は、自我の押しつけになり、周りから相手にされない原因にもなるから、お互いに気をつけよう、ということである。

4 つねに〝期限切れ〟でしか生きられない人

「過ぎ去った水で粉をひくことはできない」という格言がイギリスにある。要するに昨日という今日を今日に戻すことはできない、物事にはタイミングがある、ということである。

たとえばわれわれが、いろいろな価値判断や意思決定をしなければならない場合のパターンを大きく分類してみると、次の四つに分けることができよう。

①判断が狂いがちで、タイミングも遅れがち
②判断は的確だが、タイミングは遅れがち
③判断は狂いがちだが、タイミングはいい
④判断が的確で、タイミングもいい

どれがベストな回答だろうか。もちろん④である。

ところが現実には、①や②、または③の人がなんと多いことか、そこで、簡単にこれらについて述べてみたい。

まず①に該当する人で、この本を手に取る方は少ないのではないかと思う。というのは、まずこのタイプの典型的な生き方は、「勉強する」という姿勢がないのが第一の特徴だから

である。写真週刊誌とかスポーツ紙は読んでも、まずビジネス書は買わない。自己啓発の方法は？　と聞くと、「(会社の費用負担で) セミナーに参加する」ということを何の疑問も持たずに答える人なのである。

次の②のタイプは、頭でっかちで戦略思想のない論理ひねくり型であろう。とにかく利口で発言もする。しかし、「あなたはやっているか？」と尋ねると、これがやっていない。考えすぎて出足遅れも目立つ。要するに期限切れの発想習慣を持つ人である。

③の人は、一般にクソ度胸がいい。パッパッと行動を起こしはするが、いつも〝拙速〟なのである。目指す方向に馬力を出すのではなく、あらぬ方向へ、的違いにエンジンをふかす。勘と経験至上主義のタイプに圧倒的に多い。

私は、各企業への助言や具体的な意思決定を示したり、一緒になってアクションを起こすというコンサルティングを本業にしているわけだが、いま紹介したこれらのパターンで失敗する人をよく見かける。そして特に気づいたのは、「過ぎ去った水で粉をひくことはできない」を地で行くような人が、あまりにも多いということだ。

いわゆるタイミング遅れの人だが、こういう人にかぎって、後になって、「自分もああしようと考えていた」とか、「あんなことは私にもわかっていた」と後講釈師になるものだ。期限切れの発想と判断は、愚策に通じるのである。

5 〝貧しても貪しない〟知恵

経営にせよ個人の問題にせよ、「あてが外れる」ということはよくあるものだ。

新聞やテレビはもちろん、週刊誌にも取り上げられたが、元警察官が子どもを誘拐して金をゆすり、失敗して捕まった事件があった。

この警察官は鎌倉に喫茶店も出していた。〝も〟と書いたのは、ある居酒屋チェーンにも加盟して商売をやっていたからである。そのいずれにも失敗して、こともあろうに金目当ての誘拐という最悪の大罪を犯したわけである。まさに「貧すれば貪する」である。

彼にすればおそらく、「必ず儲かる」はずだったのである。少なくとも〝あてが外れる〟かもしれないという計算は、彼のソロバンにはまったく組み込まれていなかったはずだ。

私たちの人生では、目算違いとか、予期せざる障壁に行く手を阻まれるということは、誰にでも起こりうることである。

一般に〝あてが外れる〟人、そして次善の策もなく、あわてふためいてオタオタする人に多いのは、経験も大してないのに〝わかったつもり〟でいるタイプだ。

そして、このタイプの人というのは概して、あてが外れるかもしれない自分のアイデアに、自分勝手に興奮して溺れてしまう。先の元警察官ももしかしたら、そういう幻想に夢見心地になったのかもしれない。大勢の従業員を使い、店は繁盛する、「○○さんは成功して、大した羽ぶりだよ」と評判になる――まるで白日夢のように、たんなる「希望」がもう実現したかのような錯覚に陥ったのかもしれない。

このようにして、成功が実現する前に、成功するはずだという幻の美酒に酔いしれてしまう。失敗者の多くは、多少の違いはあれ、こういう心理状況の中に自分自身を祭り上げてしまうようである。

こういう一事埋没型の人は、もし失敗した場合はこうするという次善の策を考えていない。だから、あてが外れてしまうと、どうしていいかわからないのである。途方にくれて、そのあげくにとんでもないことをする人も出てくる。先の元警察官などは典型的な例である。

ある雇われ社長で、次善の策を考えられなかったばかりに、大事なマイホームを手放した人がいる。この人は、「自分はまだ十年は社長だ」と思い込んでいた。しかしある日突然、「社長を今期で辞めてくれ」とオーナーから宣告された。それでローン計画が狂ってしまったのである。あて外れの代償がマイホーム一軒を手放すことになったのである。何事によらず、次善の策を考えて手を打ちたいものだ。

6 批判するには必ず〃代案〃を用意せよ！

ある会社の社員手帳には、こんな行動憲章がプリントしてある。

「〈意見と批判〉代案を持たずして、他人の欠点を指摘するだけを〃批判〃と言う。代案のある問題点の指摘を〃意見〃と言う。お互いが意見を持とう、育てよう」

一策に溺れない人というのは、一般にここで言う"意見"を言える人なのである。

私は、幸か不幸か非常にユニークな経験をしている。いまの仕事についた後だが、「空理空論にならないように、コンサルタントでつかんだ経験を経営の中に入って生かしたい」との思いから、経営の現場に一時復帰したことがあるのだ。その会社は経営不振に陥っており、私も打開策として、幹部会議ではずいぶん意見を言ったものである。会社の縮小体制への移行を、大量の乗用車を減らし、人員を減らし、テナントビルからの撤退と集約などの具体策を添えて提言した。「そうしなければ、会社が生きのびることは至難のワザになるだろう」という結果予想を結論に代えて。

しかし、オーナーは特にこの意見に耳を傾けたとは思われない。その後、私は会社を去り、一千名近くの社員を抱えたこの会社は、私の不幸な予測が的中して倒産した。倒産直前になって、「会社に戻ってほしい」という連絡をもらったが、当時の私の収入と比べて提示された評価と条件の低さにきっぱりとお断りした。

その会社には何名かの有能な役員もいたが、その一人が後になって、「あなたは、ずいぶん建設的な具体案を出してくれたが、当時はみんながカッカッとしていて、その案を冷静に受け止めることができなかった。みんなクレージーだったんだよ」と私に語ってくれた。

案を出して採用された場合でも、その案が失敗することだってある。すると何の意見も出さない人間ほど、「それ見たことか」という態度をとるものだ。だからそういう場合の覚悟と、そんな外野スズメの雑音にオタオタしない度胸も欠かせないのである。

また具体案を出す人にも、二通りあるようだ。一つは何かの研修で覚えた内容を、そのまま嚙み砕かずに出してくる人で、オリジナル性がない。一般に役に立たない。

二つは、本当の意味での具体的な提案だ。こういう人はふだんから勉強している。月給取りという生活安全保障圏にあぐらをかいてはいない。自分を向上させるための書物やセミナーに自費を投じて努力する。ふだんから、「これ以外に、もっと能率的な方法があるはずだ」というように問題意識を持つ習慣も身につけているものだ。問題意識なくして、問題解決（提案）能力が啓発されることはない。いずれにしろ、たんなる批判精神より意見のある行動を起こしたいものだ。

7 あなたも〝夜郎〟人間になっていないか

むかし、中国は漢が栄えた時代、貴州省の一角に、〝夜郎〟という雑小国の中の大国があった。もちろん漢に比べれば、吹けば飛ぶような小さい国だが、そこに、大国の漢から使者が来た。その使者に、夜郎の王が言った。

「聞けば、貴国もなかなか手広くやっているそうじゃのう……」

「貴国も……」という言う方には、自国と比べたうえ、暗に〝わしの国には及ぶまいが〟という意思がうかがわれる。大変な思い上がりである。

手元の熟語辞典で調べてみると「夜郎自大」のことを、小さい世界のことしか知らず、それでいて尊大に構えている人と説明している。

前で述べたユダヤの格言、「カリフラワーに住む虫は、カリフラワーを世界と思っている」というのも夜郎自大と似たりよったりである。

一策に溺れず多面的な発想ができるためには、夜郎自大的な人は、自分がそういう人間であることを知って、その小さい世界を突き破らねばなるまい。その小さい世界のことを〝隅《ぐう》〟（重箱の「隅《すみ》」と通じる）と呼ぶが、その隅の世界を突破せよということだ。

よく心中や自殺という悲惨な事件が起こるが、そのたびに、「かわいそうに」と語り合う。ある家族殺し事件の犯人（世帯主）はまだ四十代だった。警察で妻と子を殺した理由を聞かれると、「前途を悲観して一家心中を図った」と答えたという。ローンの借金を数百万円抱えているうえに、会社が倒産。前の会社ほどの収入のある仕事が見当たらないまま時間が経ってしまった。それを悲観したというのである。

私は思うが、心中しようと考える前に、何か別の解決方法を見出せれば、人は死のうなどとは考えないのではあるまいか。死ぬこと以外に解決策を考えつけないからこそ、悲惨な心中へと走るのであろう。発想の貧困さも間接的原因と言えなくもない。

厳しい言い方になるかもしれないが、隅の世界に閉じこもった生き方をしていると、苦境に突き当たったとき、それを力強く突破する知恵が出て来ないものである。

私事になるが、「この程度で死なねばならないのなら、私など何十回死ねばいいんだろう」と家人に語ったこともある。

では、どうすれば隅の世界を突き破れるのかという方法だが、筆者としての回答は、「この本全体にお目通し願いたい」ということになる。抽象的には視野を広げることの大切さは、みなさんご存じのことと思う。だが、「自分は視野がせまい」と思っている人は、ほとんどいないからこそ厄介なのである。

8 外の風に吹かれなければしっかり根を張れない！

隅《ぐう》とは、要約すれば世間知らずということである。しかし多くの場合、本人は「自分は世間知らずだ」と自覚していない。厳しいようだが、隅の人というのは視野の大きい人に比べると「愚」に通じるから、自戒用心は極めて大事だ。

『宮本武蔵』や『新・平家物語』などの大衆文芸作家の第一人者として知られた吉川英治さんは、少年の頃勤めた印刷会社の友人の前で雑談中に、「俺みたいな他山の石は……」と言ったら、仲間の一人から、「それを言うなら路傍の石と言えよ」と訂正されたそうである。このとき吉川さんは、「俺は世間知らずどころか、まだ言葉さえろくに知らない」と反省、百科事典をむさぼり読んだそうである。

世間知らずの人は、まず素直に自分を反省することだ。私が指導する合宿研修に参加する（させられる？）人たちを観察していると、彼らのいちばんの成果は、その場が一種の他流試合の役目を果たすことにあるようだ。自分と同じ程度の年齢の人たちと比べて自分の知識や常識のレベルを客観的に知る機会になるのである。言い換えるなら、初めて外の風に吹かれるわけだ。こんな風もあったのかと新鮮な風を知るのである。

では、隅の世界から脱出する方法を、いくつか箇条書きにしてみよう。

一、自分の視野を広げるセミナーや勉強会に参加すること。自費ならなおいい。

二、人や仕事の好き嫌いをしない。「あんなもの見るのもいや」と毛嫌いしない。やってみなければわからないことは山ほどある。毛嫌い型の人ほどバカの一つ覚えになりやすい。

三、新しいものを進んで見るようにする。私は、「東京芸術劇場が完成、何日にこけら落しだ」と聞くと、すぐ見に行った。新しい物には新しい価値がある。

四、出不精という人がいる。これはいけない。ひょいと身支度をして、「ちょっとオーストラリアまで行ってくる」と言い残してさっと出かけるくらいがいい。

五、毎月予算を決めて図書購入、そして読書をする。一日に七ページや八ページ読むことが苦痛な人はいないはず。これを継続すると一カ月に一冊読破は簡単だ。継続は力だ。

六、会合などで、未知の人にもどんどん話しかける。相手の受け答えで物知りになれる。

七、新聞の政治経済面で愛読コーナーを持つこと。堅苦しいことが嫌いな人は、まずは第一面の下のコラムから読めばいい（朝日新聞なら『天声人語』に当たる）。

とりあえずは七項目ほど身近なものを掲げたが、これらを具現化、行動化することをお勧めしたい。簡単なことのようだが、新しくどれか一つでも実行に結びつけられる人は、六カ月後には自分から、「以前はいまより隅人間だった」と悟れると思う。

9 〝波〟には乗れ、しかし勢いに呑まれるな

ある生命保険会社の社長が、「経営は戦争と同じ。勝つことが大事。そのためには勢いが重要なんです。個人芸は必要ないんです」という意味のことを、孫子の兵法を引き合いに出して語っていた。この考えは経営戦略（特に大・中堅企業の場合）において確かに戦いの勝ち方を示していると思う。

たとえば大村益次郎も、「戦場での個人の動きは重視しない。したがって功名争いをする武士などはいらない。優れた指揮官の下で一糸乱れず動く兵隊が必要である。全体の勢いがあれば、兵隊をそれに巻き込むことが大事だ」という戦争理論を展開している。

ついでに言えば孫子の兵法では、「激水の疾《はや》くして石を漂わすに至るは、勢いなり」とある。これも同じ意味だ。そして、幸か不幸か現代の企業間競争にもまた、この傾向がある。先述の生保会社の社長のように、きわめて意識された計算のもとで、社員活性策が打ち出されることも非常に多い。

ところがである。こういう経験を長く積み上げていると、個人芸、つまり自分の名前でやれる能力が退化することが多いのである。定年後、老化が急速に進む人が少なくないのは、

そのときになって初めて、「俺が、自分でやれることはいったい何だ」と自問してみると、これだと言えるものが何もない、会社をやめて、はじめてこのことに気づくからである。これぞ定年ショックの最たるものではなかろうか。

長い人生の先を見通した賢人と言える人は、会社の勢いに背を向けないまでも、組織の勢いに乗りながらクールな客観性を失わずに、それに埋没しないものである。

特に高いところから人を見たり、ものを言ったりする生活の長い人は用心をすべきだ。むかしは〝兵隊と警官と先生上がりはつぶしがきかない〟と言われたものだが、現在でも相当に民主化されたとはいえ、こういう指摘はある。

たとえば、佐高信さんはこう書いている。

「過日、知り合いになったある不動産屋は、私がもと教師であることを知らずに、『お客の中で一番苦手なのは先生ですね。決断が遅いのと、高みからものを言うから』と言っていたが、言われてみれば教師にはオトナと対等の立場で話す機会がほとんどない。生徒に対してはもちろん、生徒の親に対しても、やはり〝高み〟からものを言うことになってしまう」

高みからものを言う人は大企業にも多い。こういう人は組織の勢いにはうまく乗れるかもしれないが、組織の力と自分個人の力をいつのまにか混同しやすいものである。組織の勢いには乗ってもいい。しかし呑まれてはならない。

10 自分の〝体質改善〟にこれだけの覚悟を持てるか

長い間ある慣習に浸ると、ほとんどの人がそれを一定の習慣として身につける。それが良い習慣、将来自分にプラスになる習慣なら問題はない。しかし、それがある特定社会だけに通用する習慣であるなら、将来きっと本人にマイナスをもたらすことになるだろう。

以前、新聞に、「二十年ぶり人事部統合」という記事が出ていた。AB銀行は旧A銀行と旧B銀行の合併銀行だが、なんと、合併した後も人事部だけは別々だったというのである。新聞は、「銀行合併の難しさを示しているようだ」と書いていたが、基本的にはそれぞれの体質の違いが底流にあるのだろう。

この銀行では、「○○さんはA出身だから」とか、「B出だからなあ」ということが、陰では言われていた。それぞれが、自分の体質を変えることが至難のワザだったのだろう。

かと思うと、やはり同じ頃の新聞に、「なお色濃い公社体質」と題して、日本たばこ産業（JT）のことを書いていた。その一文はこうである。

「だが、小売り店のJTを見る目は予想以上に厳しい。『JTの営業マンは専売公社の時代から価格が一定の商品しか扱ってこなかったので、弾力的な価格交渉が必要な場面になると、どうも対応がチグハグになる』」

長い間続いた慣習の結果身についた習慣を変えるというのは、ことほどさように難しいというくつかの例である。

いつも言い続けていることだが、その道一筋に坂をよじ上って仕事をしてきたような人にかぎって、人生の節目を境にして、どう生きていいのか戸惑うことが多いという気がする。

たとえば、先生上がりの人を雇っているホテルの経営者が、こんな話を紹介してくれた。

その経営者の友人の子どもが、第一志望の国立大学に合格した。彼はザックバランに相手のほしいものを聞き、それをお祝いの品として贈ることにした。

そこで、件《くだん》の元教師に「○○さん宅へ行って、率直に先方の要望を聞き、それに合うものを○○デパートから送っておいてください」と頼んでおいたのである。しかし、一週間ほどしても、先方からは何も言ってこない。おかしいと思って用事を頼んだ本人に尋ねてみたら、なんと、「先方はそんな心配はしないようにとおっしゃいました」と言って送っていないのである。その経営者は、「全然、人間の心というか共感性がないんですねえ。誰だってその程度は一応の辞退をしますよ。物事の表面しか解釈できないんですね」と語ったものだ。

その道一筋の仕事経験者ほど、改革すべき習慣を身につけてしまいやすい。その改めるべき自分の体質に気づき、改革しようとするには革命的な覚悟が必要なのである。

第三章

〝リターンマッチ〟で勝てばいい

1 金と時間、ここにつぎ込んでおけば間違いない！

人生は勝負である。勝つ者に勝者としての栄冠が贈られるのは当然である。その栄冠は、より多くの収入や自信や、そして誇りも道連れにして近づいてくるはずだ。

勝負であるからには、勝つための考え方や武器が必要だ。肝心の武器が貧弱では、「後は実行あるのみ」といくら力んでも勝てはしない。精神論は勇ましいが、ただそれだけだ。

二十代後半のころ、こんな経験をしたことを、私はいまも忘れられない。

ある日、上司から「きみは簿記もわからないのか」と言われたのである。これには、「なんだ、その程度のことも知らないのか」という言外の意味が含まれていた。その当座は、無念で悔しくてしかたがなかったが、事実だから一人歯ぎしりするしかない。

しかし、時間が経つにつれて私は、「簿記も……と言われるくらいだから、これはビジネスの常識かもしれない。この程度の武器も持たないでは、ああ言われてもしかたがない」と思うようになったのである。

私はしばらくして、経理学校に入学した。働きながらの夜間部通学である。週に四日ほど、たしか午後六時から九時ごろまで通った。

こうして簿記の一級の資格取得を目標にしてそれを達成したが、もしこの武器を身につけていなかったら、おそらくいまの仕事はできなかったのではなかろうか。第一にこの武器がなければ、各企業の財務諸表を見ても、経営分析ができない。これでは、おしゃべりはできても経営コンサルタントはできない。会社の病気も科学的に発見できない。「あのとき、夜間の勉強をしてよかった」と、その後つくづく思ったものである。

友達から、「おい、飲みに行くぞ」と誘われることもあった。しかしそれを振り切って夜学に通ったのである。だからと言って仕事が軽減されるわけではない。「夜学もいいけど、この仕事のザマはなんだ」と言われるようではいけない。だからなお、仕事はばっちりやった。そうやって、いまのやりがいのある仕事を手に入れた。

ただ「武器をつくる」と言っても、よほどの目的意識がないとできない。そのためには、現在の自分の能力に、自らが大きな不足感や不満感を感じなければならない。いまの生き方や暮らしに満足しているようでは、それなりに犠牲を払わなければできない今後の武器づくりに、なんでわざわざ努力をするものか、と私は思う。

あなたの武器は何だろうか。あるいは今後の武器づくり計画、あなたの場合はどうだろうか。武器づくりには犠牲を伴うのである。楽をして現状に満足しているようでは、まず達成不可能なことは間違いない。

2 〝リターンマッチ〟で必ず成功する男

世界的ベストセラー『人を動かす』の著者、D・カーネギーはこう言っている。

「人を動かす唯一の方法は、その人の好むものを問題にし、それを手に入れる方法を教えてやることだ」

つまり、相手の立場に立って考え、どうしたら相手がうまくいくかという姿勢で話し合えば、説得は成功するというのだ。結局、お互いの利益になるように働きかければ、人は動く。

この原理は、対上司、対部下、対取引先といった仕事上の人間関係はもちろん、日常生活のすべての場面で応用できる。

私の知っているある創業社長が、次のように語ったことがある。

「社員からいろいろな提案が上がってきますが、たいていは独りよがりで、ものをつくる側の論理が強すぎる。使う側の視点が欠落しているのです。特に一流大学出の人にその傾向が顕著です。私は中途半端な提案はすべて反対し、押し戻します。結局、最終的に生き残っているのは、そこで諦めず、どうしたら採用されるか、どうしたら消費者ニーズにいちばんマッチするかを考え直して、リターンマッチを申し込んできた人間だけですね」

これは仕事で上司を説得する難しさと、仕事のプロとしての視点の厳しさを物語っている。

また、私の知人の奥さんにこんなユニークな人がいる。

子どもを教育し、説得するのに、「……してはダメですよ」「……しなさい」という断定的な押しつけ表現を使わないのである。

先日、その友人宅にお邪魔する機会があった。私が子どもの相手になって遊んでいるうちに、夜も九時頃になってしまった。そこで、その奥さんは、

「さあ、○○ちゃん、明日また早く起きるんだから、もう寝ましょうね」

と言うのである。決して「もう寝なさい」とは言わない。

これは上の子に対しても同じである。

「○○ちゃん、今日も元気に遊んだわね。じゃあ、そろそろ勉強でもしましょうか」

「……しなさい」という押しつけの言葉と違って、「……しましょう」というのは、自分も相手と同じ立場に立った言葉であり、共同の利益仲間としての意識である。実際、このうちの子どもは、私の友人の子どもの中でも、とりわけ素直で聞き分けがいい。

結局、説得は自己主張の押しつけでは絶対にうまくいかない。相手のかゆいところを掻いてやる思いやりが決め手である。そして、それを実践している人にだけ、いざというとき味方になってくれる〝応援団〞ができるのである。

3 〝甘い汁〟は平等には行き渡らない！

泥棒を説教して小遣いを渡し「改心して頑張れよ、渡る世間に鬼はいないよ」と激励して帰したら、三年後にその泥棒が礼にやってきた。これを聞いた新聞各社や雑誌記者たちがわんさと押しかけ……、というような話を、私はいままで知らない。ニュースとは希少価値なのである。こんなマスコミ受けのするニュースが、ざらにあるはずがない。

つまり、そうあるはずのない出来事だからこそニュースになるのであって、ざらにあることだったら三行記事にもなりはしない。であるのに、希少ニュースに溺れて出口、つまり結果だけを求めて走ろうとする人が少なくない。

たとえば、「あなたも独立経営者、年収二千万円や三千万円は夢じゃない」というものに漠然とあこがれたり、あるいは資格さえ取れれば裸一つで経営コンサルタントとして独立できる、と思っている人が多いことは、読者からもらう手紙でもわかる。

しかし、そんなに簡単にできるならば、世の中にサクセスストーリーなんか生まれはしない。よく、「経営コンサルタントになりたい」と弟子志願がある。そういう人に、私は「経営分析がやれるようになったら、改めて連絡をください」と返事をするが、いまだかつて再び連絡をくれた人はいない。何か漠然と、あこがれや夢を追うように出口（結果）だけを求めているからだろう。

入り口だけに熱を上げるのも問題だが、逆に出口だけを単純に求めるのもどうかと思う。私がふだんいちばん接することが多いのは、事業独立の失敗者である。そのほとんどの人が、出口への偏向した夢追い型だ。離婚に至る人が多いのも、このケースの特徴である。

K君は、装飾品のセールスで独立を図って失敗した。相談にのってみると、本人には気の毒だが、独立の動機がよくなかった。簡単に言えば、カッとして前の会社を辞めているのである。会社の上司との折り合いが悪く、計画的ではなく衝動的に退社を決めた。衝動的というのは、第一に準備ができていない。加えてK君本人に素質もない、というのでは成功するほうがおかしい。

準備ができていないということは、勉強もしていないということだ。K君の場合も、資金があるとは言えないのに平気で手形をもらっているのである。手形さえもらえば現金になると思い込んでいる、というほどの不勉強ぶりだ。しかも、手形を振り出した会社がふらふらした会社である。こんな独立では失敗確率はきわめて高い。

出口を悠々と出たいのならば、入り口での準備や勉強を欠かせない。夢物語で成果だけを手にすることは難しいと知るべきである。

4 もはや「安全区域」などどこにもない！

先輩たちがつくった道だけを進む人がいる。理由は、道ができ上がっていて歩きやすいからにほかならない。そういう人は、何か新しいことをやれ、というような圧力めいたものがかかると、「前例がないから……できない」とすぐお手上げになる。

「ぼくの前に道はない。ぼくの後ろに道はできる」とは高村光太郎の詩の一節である。新しいものに立ち向かう勇気を書いているのであろう。

『大企業をぶっ飛ばせ』という本のしょっぱなに出てくるのが、「前例にないことをやれ」という項目だ。職種を問わず、いろいろな職場で非常に多く見られる例だからだろう。

ある食品会社の三十二歳になる男性の証言はこうだ。

「うちの部では過去十年にわたり、ボールペンの種類からお茶っ葉の銘柄、はては忘年会で使う店まで、変わらない。部長は『前例だからね』と、何の疑問も抱いていないようだ」

率直に言って、いったいどうやってこの人は部長にまでなったんだろう、と思う。過去の減点式の人事考課が続いた時代に、無難なことだけをやったのか、またはイエスマンを好む上司に取り入ったのか、はたまた指示されたことだけを忠実にやったのか。指示されないことは一切やらない、おそらくこういう生存術をすっかり身につけたのではあるまいか。

習慣とは、同じことを長く続けた行動の集積である。それは、自分の好みにも合った、自分との相性がいちばんいい行動だ。だとしたら、こうした前例踏襲的な生き方は、そう簡単には変わらない。

しかし、繰り返すが、現在はすでに加点法の時代である。いつまでも「前へならえ」では昇進、昇格はありえない。どれだけ他人と違うことができるか、ということにこれからは視点を向けるべきであろう。また、企業が求めているのもそのような人材のはずだ。

人間の若さというのは、創造することの喜びのぶんだけ与えられるのである。この喜びがない人には、歴年年齢は若くても、生理年齢は老人という人もいるのである。若年寄りというわけだ。

十年間お茶っ葉まで変わらないかどうかは別にして、これらの人は非常な前例踏襲派であるはずだ。

自分の後ろに新しい道をつくろうという気概こそが、人生を活気づける。そして前例のない新しい道をつくるためには勉強が欠かせない。新しい何物かをつくり出そうとする情熱も必要だ。それらにかかるエネルギーは莫大かもしれない。しかしその代わり、道をつくり上げた喜びは大きく感動的である。

5　金の使い方一つで〝人格〟がわかる

お金にも入り口と出口がある。入り口は収入、出口は金の使い方である。これについて、明確なポリシーを持って給与支払いをしている人に、前出のミサワホームの三澤千代治社長がいる。

「三十万円の給料で高すぎる人もいれば、百万円の給料でも安いという人がいます」とは、その三澤さんの言葉だ。至言だと思う。

私の知人に金遣いの立派な人がいる。この人のお子さんは一切塾に行かず、一流大学へストレートで入った。「学校で真剣に勉強し、予習復習をきちんとしていれば、塾に行く必要はないはず。そんな塾に出す金は、うちにはありません」という考え方を貫いたのだ。

ところがこの人は、親戚や知人の不幸、たとえば病気で入院したようなときは、破格の見舞金を包む。「困ったときこそ助け合わなきゃ。金だけの問題じゃない。病んだときは心の励みも大事ですからね」と、さらりと言う。

明治・大正期の教育家であり、東宮御学問御用掛《ごようがかり》となって昭和天皇に倫理も教えたことのある杉浦重剛《じゅうごう》は、「吝《りん》」（ケチ）について、こんな定義をしている。

己に倹にして人に倹ならず。是を愛と言う。

己に倹にして人に倹なる。是を倹と言う。

己に倹ならず人に倹なる。是を吝と言う。

要するに、自分や家庭のことには惜しげもなく金を使うが、人のことについては金を出ししぶる、これこそ正真正銘のケチというわけだ。

世の中には、こんな考え方が身についてしまった人が、わんさといるのではあるまいか。こういう人は、人生の最も大きな出口である老境に入るとか、会社をいよいよ定年になるとか、そういうときになって初めて、「五十にして四十九年の非を知る」という現実に直面して、ほぞを噛むに違いない。

「肩書きが消えるとゼロになる男がいる」とよく言われるが、これは痛烈なパンチながら多くの事実を表わしていると思う。二十年以上もいまの仕事をしていると、数多くの降格者や退職者を知っているが、彼らの中には、肩書きが消えてはじめて、自分には世渡りをする武器が何一つない、ということに気がつく者が多い。

もっと自己啓発に金を使っておくべきだった、と後悔するのでは遅すぎる。どうしようもない崖っぷち状態になって、ようやく自分が何も持たないことに気づくようでは、それ以上前進することは難しいのである。

6 〝頭《ず》が高い〟とハエや蚊は寄って来るが……

「実るほど　頭を垂るる　稲穂かな」とは、私など子どものころから教えられている格言である。要約すれば、金ができたり肩書きがついたからといって威張るな、という意味だ。この言葉をモチーフにして会社名にしたのが、いまのミノルタである。

最近、大企業病という言葉がよく聞かれる。この病気が個人にとりつくと、どうも威張り虫が頭を高くし、とてもじゃないが頭を垂れるどころではない。

ある電気機器の大メーカーがある。この会社では、誰一人として直接お客様に頭を下げて、「ありがとうございます」と言って売った人はいない。売るのはみんな街の家庭電器販売店だ。いわば、メーカーのぶんまで肩代わりして、街の電器屋さんが頭を下げているのである。

こうして、自分たちが頭を下げなくても自社の製品はちゃんと売れる。

それどころか、会社にやって来る原材料の納入業者や下請けの人たちからは、盛んに頭を下げられる。なんのことはない。頭を下げない習慣に慣れると同時に、人から頭を下げられることにも慣れてしまう。

その結果、当人はそのつもりではないが、端から見ると、「頭が高い」と見られる人も多いのである。何しろ習慣だから自分ではわからない。中にはそうでない人もいるが、多くはこの手のくせを身につけている。

たとえば袖の下というわけではないが、盆暮れの贈り物が業者から届いても、礼状一本書かないで平気の平左ということは日常茶飯事なのである。それを指摘すると、「ええ？　業者に礼状を……」と、びっくりする人もいる。私などは、そういう意識にこそびっくりするほうである。

たとえば、ビジネスマン向けの教育ビデオで『てんびんの詩』というのがある。多くの人の大きな感動を呼び、一般の映画館でも公開上映された。このビデオを制作したR社の社長は、「大企業の傲慢な態度の人たちに、真の商売魂とはどんなことかを知らしめよう、と考えたのが制作を思い立った動機です」と語っている。

誰でも必ず名刺から会社名が外れ、肩書きも消えるときが来る。早いか遅いかの違いである。これらが消えてから急に頭を低くすることはできないものだ。何しろ習慣とは、そう簡単には変わらないからである。

ところが、頭が高いと蚊やハエは寄ってくるだろうが、その人によほどの利益供与力がないかぎり、人は近づいてこない。

ふだんから頭は低くしておくよう、心がけておくことである。

7 過去を語りすぎる男

ふだんはそうではないが、軽く酒でも入り、ほどよい飲みニケーションの雰囲気になると、話の大部分が過去形になる人がいる。それも、ずばり言って、仕事の切れ味のあまりよくない人に多い気がする。

「あの人も常務になって、いまは勢いよくやってるけど、課長時代には〝ゴマのハエ〟が俺たちがつけたアダ名だよ……」とか、「私が新入社員時代というのは、課長と並んで椅子にかけるにしても……」と新入社員に説教を垂れるという調子である。

前者は、引かれ者の小唄と言う。後者は、若者から嫌われ者の一人に挙げられることは間違いない。いずれにせよ建設的ではないことは確かである。

こういうタイプの人の最大の弱味というのは、何事にも先手を打てないことにあるようだ。当面の仕事にしてもそうである。

営業部門の人であれば、今月のノルマ達成だけに夢中になるという近視眼になる。経理部門であれば、経理事務に夢中になり損益分岐図表一つつくれない。まして財務管理はできない。生産部門の人であれば、あれが具合が悪いとか、ここが調子が悪いと言い続けるのに、自分としては何一つ抜本的な対策を考え出すことができない。総務部門の人であれば、学卒社員を募集しても応募者がないと言いながら、これまで一度として大学あてに手紙を書いたことがないという具合である。

目前の仕事でさえこの場当たり主義だから、ずっと先のことまで考えることのできる人は皆無に近い。そして、仲間の多くもそうだから、それでよしとして気づかない。

S君は商品管理の仕事をしている。在庫として何がいくつあるかを把握しておくのは、彼の任務の初歩の初歩である。ところが、あるとき在庫の立ち会い調査をしてみると、ダンボール箱単位で帳簿在庫と実在庫が違う。これはもう仕事への非常な怠慢と言うほかない。

そこで彼に、「きみがわざとやっているわけではないだろう。ウソをついているわけでもあるまい。これからは正確にやってくれ」という言い方をする。するとどうだろう。過去に原因があることをぺらぺらとしゃべるのである。

「前任の○○さんという人が、きちんと在庫合わせをしていてくれれば、こんなことにはならなかったはず」とか、「こんな面倒くさい帳簿に、きちんと書けと言われても、身体は一つしかないんだから……」などと理屈が山ほど出てくるのである。

要するに、過去に理由づけし、過去を語りすぎて不可能を正当化する人の将来は、あまりにも凡愚か凡愚以下が約束されそうである。

8 この「保険」があるから つまらぬ妥協をしないで生きられる！

新聞のビジネスマン川柳を見ていると、実に面白いものが多い。

「辞めてやる　口に出すやつ　辞めもせず」

これなど思い当たる人も多いのではないか。「くそっ、辞めようか」とか、「あのいやな○○の顔に辞表を叩きつけてやろうか」と思ったことのある人は少なくないはずだ。

だからこそ「サラリーマンは宮仕え」と言う人もいるが、ではなぜ辞めなかったかというと、いざとなると、「どうやって食っていくか」という現実に引き戻され、あげくの果てに、自信がぐらつき長いものには巻かれろということになったのではあるまいか。そして酒にうっ憤晴らしを託する、というのがいちばん多いパターンだろう。

私は、サラリーマン時代に美容室をオープンしたことがある。その最大の理由は、私なりの論理だが、「収入源を複数持つことにより、いたずらに節操まで曲げて妥協しなくて済む」と考えたからである。金の奴隷にならずに済むというわけだ。

これは、私自身もびっくりするくらい的中したと思っている。

たとえば、会議や日頃の仕事上の意見についても、いたずらに上役のご機嫌をうかがう必要がない。いざとなれば会社を辞めても食えるからである。

ある日のこと、専務から呼ばれて、「そこまできみがやるのは越権行為だ」と叱責されたことがある。ところが、その行為は常務の指示の範囲内でやったことである。むしろ常務と専務の意思の疎通の問題であり、その狭間にあって私がとばっちりを食ったありさまだ。

そのときのことを後に、専務が私にこう語ったことがある。

「あのときのきみには圧倒されたよ。一歩も引かんという意志と、正論は堂々と主張するという強さというのかね。とにかく一本取られた、という感じだったね」

いざとなったら、辞めても食えると思うものだから、とにかく正邪善悪黒白をはっきりさせて、「これを言うと、上司ににらまれはしないか」というようなへっぴり腰で仕事をしないで済むのである。それにストレスがたまらないから気分もいい。すると面白いもので仕事もうまく捗《はかど》り、上司も評価を高める。

辞めても食える武器が、仕事が楽しくなる武器になってしまったのである。また、あいつはアルバイトが本業だからと言われないようにせんといかん、と自覚するものだから、かえって仕事に励みになった。

あなたも何か商売に手を出せ、というのではない。会社を辞めても食える武器（自信）は、かえって仕事を面白くする武器になる、ということを言いたいのである。

9　こんな〝くせ者〟をのさばらしたら命取り！

「一つずつ　夢が壊れて　年を取り」

これも新聞投稿のビジネスマン川柳の一つである。多くの人が、こういう実感を味わうのではあるまいか。私自身も、そんなことはございません、とは言い切れないものがある。

さてさて、こういうことにならないために大事なことは、ふだんから物事を実行するに当たって「先延ばしをしないで、すぐやる」という即時行動を習慣づけることだ。

夢を壊すことが上手な人というのは、日頃から「あれをやらねばならない」と思っていることは多い。しかし結果はどういうことになるかと言うと、多くは次のようになる。

「ほかに忙しいことが多く出てきたので、できなかった」

「急な仕事が割り込んできたので、とうとうできなかった」

「出張をしていたからする暇がなかった」

とにかく「しなかった」のではなく、「できなかった」という理由を挙げることは格段に上手なのである。

物事をするに当たっては、潮時とかタイミングというものがある。その潮時を自ら押し流してしまう癖がありはしないか。

たとえば、出張していたからできなかったという理由が通るのだったら、私など年に一冊の本も書けない。なぜなら出張ばかりしているからである。出張という時間を有効活用しなければ、それこそ何もできなくなってしまう。

また、もう一つ別のパターンの〝やれない理由〟に、先延ばしというのがある。

「今月のノルマ追い込みが終わって、来月に入ったらやろう」

「来週はちょっと暇になるから、そうしたらやろう」

ところがこれがくせ者だ。実際に来週になってみると、なんのことはない。暇を利用して酒を飲んだりゴルフをやったりしているのである。本来やるべきことを忘れているわけではないが、どうしてもそちらに行動のパワーが向かないのである。逃げているのだ。

逃げるということは、おそらく本人にとっては苦手の分野だからである。しかし、もともと夢というものを実現するには、どこかで自分の苦手なことにもアタックしなければならないものだ。それから逃げていたのではとうてい実現できるはずはない。

信長が好んだ『敦盛』の一節に「人間五十年、下天のうちに比ぶれば、夢幻のごとくなり」とあるが、即行動の術を身につけないと、夢成らず幻のように人生を終わることになる。

10 たった〝半歩先〟が見えない男の悲劇！

正月恒例の箱根駅伝を見ていたら、ある選手がほとんど走れなくなり、まるで夢遊病者のようになっていた。いわゆるペース配分を間違えてしまったわけだ。

たとえば別の選手から追い抜かれそうになると、追い抜かれまいとすることだけに意識が集中し、その後に続くコースへのエネルギー配分を誤るわけだ。

このエネルギー配分の問題は、何も駅伝にかぎったことではない。人生万般に通じる問題ではなかろうか。

たとえば大学受験。いまの時代には、人生の入り口でもある大学受験だけに、まるで狂ったように熱を上げ、第一第二の志望校が難しいとみると、「合格さえすれば、どこの大学でもいい」というように、とにかく大学に入りたいという願望だけがエスカレートする人も少なくない。

エスカレートするのは、当の学生だけでなく親もそうだ。いや親のほうが子ども以上に熱くなる例が多いかもしれない。

こうした無分別にエスカレートする人にかぎって、実社会に出て何をやろうと考えているのか曖昧模糊としている場合が多い。

最近も、ある会社で中途採用した人たちと話し合ったことがある。全員大学出で、一流大学を出ている人もいる。

法律を専攻したという人に、「手形の支払い期日が来たとする。その日を含めて銀行への呈示期間は何日間ですか」と、一般企業人としての常識を聞くが、答えはない。

経営学を専攻した人に、「資本と経営の分離について、わかりやすく話してくれませんか」と尋ねてみたが、返事はワカリマセンだった。

文学を専攻した人に、「夏目漱石の本名は何ですか」と聞いても、ついに金之助という名を聞くことはできなかった。

その日からすでに半年を過ぎたが、彼らはいまも在社している。ちょっとした子どもでも十分にやれる程度の仕事をしながら。

この人たちは、大学という入り口だけを見ていて、その後は見えなかったのである。見えないから考えなかった、というわけだろう。考えない人生は出たとこ勝負となり、出たとこ勝負では負ける確率が高くなるのはしかたがない。

第四章
〝ワザ〟には年を取らせない

1 このちょっとした「気ばたらき」がなぜできない！

ある経営者に、「人を使うというのは、一に辛抱二に辛抱、三、四がなくて五に辛抱ですよ」と言われたことがある。別の経営者にこのことを話したら、「辛抱以外には何もありませんよ」と、さらに強烈な一言をいただいた。松下幸之助さんも、「人を使うは苦を使う」ということを自著によく書いていた。

人間理解がいかに難しいものであるかを、それぞれの表現で語ったのであろう。ここで、人間に関する格言などをいくつか拾ってみよう。

◎人心の同じからざるは、その面の如し（『左氏伝』）

◎まったく人間くらい驚くべき空虚な、まちまちな、そして変わりやすいものはない。そのうえに一定不変の判断を立てることは容易でない（モンテーニュ）

◎人間一般を知ることは、人間一人ひとりを知ることより、はるかに難しい（ラ・ロシュフコー）

◎善人は二人しかいない。一人は死んだ人で、もう一人はまだ生まれていない人だ（中国のことわざ）

同じ「人間」について述べた言葉であっても、とても共通項などというものは見つけられない。それほど人間とは不思議な動物ということもできよう。それゆえ、人を動かすことで成功した人たちは、実に人間についてよく研究しており、人間に対して関心も深い。

だからこそと言うべきか、人生の成功者と失敗者を比べると、人間に対処する姿勢や考え方がまるで異なる例は多い。

名古屋にある現金問屋のY社は、独自の商法と顧客を大事にする姿勢で成長著しいが、この会社では、「あの客の話は聞き苦しくてわからなかった」とは言わずに、「私どもの聞き方が下手で、お客様にご迷惑をかけた」と考える。

またあるホテルでは、「もうホテル内のレストランはやっていないの？」と客に聞かれると、「申しわけありません。もう閉店いたしましたが、もしお食事でしたら……」と言って近所の店を教える。「もう閉店しました」だけでは適切な対応ではないというわけである。

人づき合いのへたな人は、決まって自分中心の考えで物事を判断する。「何をしたい」を考えの中心に置くのである。一方人間学を身につけた人は、「自分は何を求められているか」をまず考える。つまり、物事を相手の立場で理解しようとすることができるのだ。

一見難しそうに思える人づき合い、しかし実はこの難問の解法は「相手の求めていることをする」という一言に尽きるのである。

2 思わず〝襟を正してしまう〟話

私は毎年一、二回は東京の青梅市にある「吉川英治記念館」を訪ねる。そこで吉川先生の足跡に触れて、「よし、心機一転やるぞ!」と自分にネジを巻くことにしている。

印刻店の小僧や酒屋の店員、あるいはカンカン虫(船腹のかき殻落とし)をやりながら、ついに大衆文芸作家の第一人者となった人であることは周知のとおり。

『新・平家物語』を書き上げたと言われる書斎は当時そのままである。ガラス戸越しに見える机の上には、煙草好きの先生のキセルなどが何本か見える。それら一つひとつが、私に努力強化剤として迫ってくる。

読者のあなたにも、心の持ち方を強くするクスリとして、何人かの人物を紹介しよう。

①アメリカのキャッシー・ミラーという十四歳の少女は、交通事故で一時は〝植物状態〟となり、医師から「回復は絶望的」とさえ宣告された。しかし闘病の末、陸上長距離で好成績を収めるまでに回復、「世界で最も勇気あるスポーツ選手賞」を受けた。

②ローマ五輪で百、二百、四百メートルリレーの三つの金メダルを取ったアメリカのウィルマ・ルドルフ選手は小児マヒだった。彼女は貧乏な家庭に生まれ、四歳のとき小児マヒ

にかかった。

彼女の母親は、七十キロ離れた病院に四年間娘を連れて通い、暇さえあれば左足をさすってやったという。リレーに優勝した瞬間、彼女は母親の苦労に感謝して泣き続けた。

③「フジヤマのトビウオ」と呼ばれた古橋廣之進さんは、左手の中指がない。しかし古橋式変則泳法を生み出し、その欠陥を補って水泳ニッポンを世界に知らしめた。

④相撲の双葉山は、右目がほとんど見えないことを現役中ずっと隠し抜き、六十九連勝という輝かしい記録をつくった。

⑤ミュンヘン大会で金メダルを取った重量挙げのフェルジ選手（ハンガリー）は、右手の指三本が欠けていた。

われわれは、五体満足に揃い、走りたいとき走り、跳びたいとき跳べても、「生まれつきだからしかたがない」とか、「性分だからいまさら変えられはしない」と言って、自分を甘やかして、目の前の安逸をむさぼろうとする。

しかしこうした生々しい例を目のあたりにするたび、私は自分の甘い性根を叩き直そう、そんな気持ちで受け止めるようにしている。

あなたにも、〝心を強くするクスリ〟としてこの項目を提供したい。

3 大物ほど〝小事〟を大事にする

「あの人は大胆だけれど、同時に緻密というか、細心な人でもある」

人からこういう評価をされる人は、一般に、事業にしろそれ以外の分野にしろ、成功する可能性が高い。つまり成功する人とは、大胆さと細心さの両極を併せ持っているのである。

その逆に、大胆というよりは大雑把、しかも何もかも大雑把という人は成功にほど遠い。

また、細かすぎる神経の持ち主。新聞が畳のへりに平行して置いてないと機嫌が悪いというくらい、繊細というより神経質に近いタイプ。こんな人も成功ルートに乗れることはまずない。

そこで原安三郎さんの話をしよう。原さんは日本化薬のトップとして、現役の頃はわが国財界の重鎮だった人である。

ある日、原さんを迎えて対談番組の録画が行なわれた。その番組のインタビュアーが、後にその日のことをこう語っている。

「職員が謝礼を差し出したんです。その場で領収書にサインをして返すわけですが、原さんはすぐにはサインをなさらない。

小銭のコインまで数えて、初めてサインをされました。それまでこんな慎重なサインをした人を見たことはありません」

この行動を、「細かい」と見るのは的外れもはなはだしいと思う。なぜなら原さんは、電話一本で十億円でも百億円でも動かせる人であり、火薬メーカーを出発点とする会社を、薬品から染料まで幅広く扱う総合ファインメーカーとして成長させる原動力になった人でもある。

この原さんのような人を、大胆であると同時に細心な人と呼んでよかろう。

私事だが、私は二十代に、商売に手を出して失敗、そして大きな借金をつくってしまった。当時は一人前のつもりだったが、後で考えると、私は若者の一直線型だった。

いまなら、子ども連れのお客さんには、「やあ坊や、可愛いね」と言うぐらい何でもないが、当時は人間心理がわからない。商売そのものにしか目が向いていなかったのだから、当然の失敗だった。

若いときというのは誰もが一直線タイプで、原さんレベルまで自分の感性の幅を広げることは至難のワザだろう。

だから、普段から大きなことを考えるときは、「待てよ、些事に見落としはないか」と考え、些事にとらわれているときは、「大きな視野をなくしていないか」と自分を見るように心がけることが大切だ。

4 〃ワザ〃には年を取らせていない！

プロゴルファーの杉原輝雄さんは、身長一六三センチ、体重六〇キロとプロには不向きとも思われる小柄な体格である。にもかかわらず、昭和三十七年の日本オープンで初優勝以来、三十年以上第一線で活躍し続けている。

杉原さんを取り上げたある雑誌の企画で、イントロにこう書いている。

「プロゴルファー杉原輝雄に年齢は関係ない。顔に刻み込まれた皺が激闘の数々を物語っているが、ワザには年を取らせていない」

彼について、私たちはごくふつうに、「もともと素質があったんだろう」と思ってしまう。世間ではそういう事実が多いからである。ところがこれが違うのだ。

定時制高校を三年で中退し、とにかくゴルフが好きで茨木カントリーに就職したのが昭和三十年。洗濯係という仕事の合間を見ての練習だった。

クラブのヘッドプロは「見込みがないから、きみはダメだ」と門前払いを食わせたという。彼の同僚も、「他の選手より一段も二段もウデは落ちていた」と語っていた。いわば落第グループだったわけである。

ところが彼は、その身体的・素質的な弱さをバネにして、努力を積み重ね、トップに躍り出たのである。

ある日、テレビを見ていたところ、これと同じようなニュースが流れた。それをここで紹介しよう。

東京大学で、ある人物から提出された研究論文に対して博士号を授与するか否かを決める教授会が開かれた。

そして、その結果、満場一致で博士号の授与が決定した。研究論文のテーマは、『転炉における複合吹錬法の開発に関する研究』というものだった。

ここまでなら何の興味も引かれない。問題なのはその博士号を授与された人物の最終学歴が、「中卒」だったことだ。

その人姉崎正治さん（当時四十二歳）は、新潟市内の中学を卒業すると集団就職で住友金属に入社した人なのである。

人は、自分が念ずる強さ大きさの人生しか送れないという。素質がなくても、学歴がなくても、「他人にやれて、自分にやれないことはない」という覚悟こそが、人生の成否を左右するのであろう。

5 後にも先にもない〝第一の天性〟

ソニーの盛田昭夫さんは、「取締役抜擢の条件は?」という質問に対してこんな意見を述べている。

「たとえば何人かの候補者がいるとする。まず最初に一人を落とすなら、性格のいちばん暗い人が対象になります」

つまり性格が暗い人は、自分の世界だけにこもりやすい。コツコツと仕事はするだろうが、それでは周囲を巻き込んで仕事をすることができない。事を前向きに進めることができないということであろう。

私があるコンサルタント会社で仕事をしていたときも、そこの社長は、「コンサルタントとして成功するには、能力以上に性格の明るさが大事」ということを盛んに語っていた。

一般に明るい性格の人には、次の傾向を示す人が多い。

・好奇心が強い　・建設的なことに興味を示す　・創造的なものに価値観を抱く　・既成の観念にとらわれない　・対人関係に積極的である　・知人友人が多くできる

これに対して性格の暗い人というのは、一般に次の傾向を示す。

・内向性であるために外界への興味が薄い　・現状維持の意識が強い　・失敗感が先行して、新しいことをやるのに臆病　・以前からの習慣にとどまりやすい　・人間関係が狭い

ある会社の支店の話をしよう。この支店は、店長の性格が暗い。人数の少ない職場では、ボスの性格がたちまち職場全体の空気になる。活気がない。そこで店長を更迭すると同時に、ある女性事務員を採用した。すると、それからいくらも経たないのに、実に職場が明るくなった。特に、新しく採用した女性が明るいのである。ある日彼女に尋ねてみた。

「どうしてこの会社に入ることにしましたか」

「みなさんとっても明るくて、いい職場と感じたものですから……」

このように性格の明るい人のメガネは明るい、何を見ても明るく感じる。ところが暗い人のメガネは暗い。だから何を見ても暗く見えてしまうのである。

暗い性格の人の心には地獄が住む、というのは言いすぎだろうか。まんざら的外れでもなさそうである。

いろいろなアンケートの結果を見ても、「どんな女性（男性）が好きですか」という質問に対する回答の主流は「明るい人」だ。間違っても「暗い人」という人はいない。

性格の明るさは、人を呼び、周囲の協力を呼び、金を呼び、そして人生の幸せを呼ぶほどの力を持つ。明るい人ほど、人生がぐんぐん開けるものである。

6 どうしても我慢ならない〝七つの大罪〟――あなたは大丈夫か?

ギリシャ神話に出てくる刑罰の神ネメシスが、次のような人間は許せない、人間として最も卑しむべきであり、厳しい罰を与えなければならない、として〝七つの大罪〟を挙げている。

一、自慢ばかりして高慢なこと(威張った態度になるから)
二、ケチなこと(ボランティア精神に欠けているから)
三、すぐ怒る、すぐカッとなること(精神作用が単純すぎるから)
四、他人を妬むこと(自分のいい加減さを棚に上げ、成功者の足を引っ張るから)
五、大食であること(自己管理のできない人間は、いずれ傍迷惑になるから)
六、贅沢をすること(自分の稼ぎに不釣り合いなほど見栄を張るから)
七、怠け者であること(楽をして儲かる話はないかとばかり考えているから)

かっこ内は私の解説だが、こうして七つの大罪を見渡してみると、これらは私たち人間の性格や考え方、あるいは常識などと大きく関わっていることに気づく。ネメシスならずとも、罰を与えるにふさわしい七つの大罪かと思う。

たとえば自慢・高慢について触れてみよう。

Sさんはよく私をなじみのレストランに案内してくれる。しかしそのレストランでの従業員に対するSさんの態度が、私など赤面するくらい横柄なのである。要するに自慢高慢型なのである。従業員たちは、はいはいと言ってサービス提供に努めているので本人は気づいていないが。ある日のこと、まったく別の人とそのレストランに出かけることになった。

この人もこの店の常連だ。従業員とも懇意である。Sさんと従業員との関係とはまるで雰囲気が異なって本当に親しい、それでいてお互いに敬意を抱いている感じであった。

私のことを、これこれの人だからよろしく……とこの知人が紹介したら、「お顔だけは存じ上げております」というチーフ（その日に知った）の返事である。

その夜遅く、店の外で一杯やったときのこと。「ここだけのお話ですが、店の者が嫌がるんですよ。頭ごなしでしょう、あの方は……」とSさんのことを言うのである。従業員たちは、Sさんの高慢な態度を日頃から快く思っていなかった。

では彼の高慢さはどこから来たかと言うと、「会社が有名大企業だから」なのである。彼が「私はどこどこに勤めています」と言うと、必ず「ああ、あの有名な……」との反応が返ってくる。それで会社と自分の格とを混同しているのである。もちろんその会社に勤めている人がみんなSさんのようなわけではない。彼個人の威張りたがる性格が主因なのである。

7 ネメシスが許さぬ〝ケチな人間〟

前に書いたネメシスは、七つの大罪を厳しく問う神様である。次に、ネメシスの言う「ケチ」について書こう。これは世間にごろごろしている。そして、そういう人の人生の知恵というのは、一時は成功したかに見えても、結果的には不幸を招く場合が多いようだ。

ケチというのもまた、本人はケチと思っていないのだから始末が悪い。しかし、人間は誰でも過ちを犯すもの、それを大いに反省してケチを脱皮する人もいる。そうありたいものだ。

さて、誰がいちばんケチかと言うと、自分のふところが痛むものは大事に、つましくするが、いざ会社の経費となるとお大尽ぶりを発揮する人である。

自分のうちでは、二千円以上する酒は買わないが、社用族として飲むときは、ホステスが国産のウイスキーなんかをキープ用に勧めたりすると、機嫌を崩して、「何言ってんだよ、レミーマルタンか何かあるんだろう?」などと格好をつける。やたらと高いオードブルも、平気で値段も聞かずに注文する。自分の腹が痛まないから平気なのである。とにかく社費で落とせるものに関してはお大尽ぶりを発揮する。

こういうのが本当の模範的なケチだが、このような生活はいつまでも続かない。

たとえばゴルフだが、数千万円もする会員権は個人で持たなくても、社用族としては別に困らない。法人の会員権を利用したり、招待ゴルフやコンペに参加したり、とにかく機会はいくらでもあるからだ。しかし、定年退職と同時にぴたりとゴルフをやめる人が多い。これは実はやめたというより、できないのが実態なのである。それまでは他人（会社）のふんどしで相撲も取れたが、そのふんどしとも縁が切れたからだ。

では、ケチでないとはどんな考えの持ち主かということを、次の例で紹介しよう。

M社は高収益を上げている優良会社だが、社長以下客を案内する以外エレベーターを利用しない。廊下の電灯も消灯を徹底する。社用車もない。経費節約、また身体のためにも、安全確保のためにもいいからである。しかし、M社の社長は、「給料や賞与は絶対にケチりません」と言う。節約を徹底する人ではあっても決してケチではないのである。

だいたいケチな人というのは、金額が多いか少ないかに気を奪われるようだ。そうでない人というのは、その金が生きるかどうか、を第一に考える。成果につながれば、百万円でも安いものであり、成果に結びつかなければ百円でも高い（ムダ）というものだ。

多いか少ないかではなく、高いか安いかで考える人は、金を生かして使うことができる。

金は人を乗せる船である。しかしいい船頭を持たないと転覆しかねない。現に、バブル経済では操舵法を誤り、転覆した人がたくさんいたではないか。

8 平凡を「非凡」に化かす法

人の性格は、一概にいいとか悪いとかは言えないと思う。むしろ、いろいろな性格があるからこそ人間社会は面白いのではないか。いろいろな性格の人間が集まって仕事をするのは、コンクリートみたいなものだ。まるで異なる性質のセメント・砂利・小石・水などが混じることによって、初めてあの硬い物質ができるのである。前述の「石垣論」と同じだ。

人間も同じで、それぞれが異なる性格だからこそ、お互いの弱点を補い合って組織として、より大きな仕事ができる。平凡な人間でも、非凡な成果を出すことができるのである。

人間なればこそ、一つや二つ弱点はあるはずだ。私事になるが、少年時代の私は吃音で、自分の気持ちを言葉を使って表わせなかった。いまだから淡々と、そのことを語れるが、当時はみじめそのものだった。「ああ、あいつらのように、言いたいことを思う存分に言えたら死んでもいい」と思ったものである。

このことは、いやでも私自身の弱点として認めざるをえない。宿題のできた者は手を挙げて……という教師の目線に触れないように、ほかの学生の陰に身を隠したものである。宿題はできていたが、それをうまく発表する自信がなかったからだ。何とも自分自身が哀れだった。生涯忘れられない。

私は自分の意思を言葉で表現できることに憧れ、それに執念さえ抱いていた。そしてその執念を推進力にして通信販売で資料を取り寄せ、吃音の矯正に向けて独学独習を十年近く続けたのである。

そんなわけで、私の少年時代の性格と、いまの性格は白と黒のように異なる。命懸けで自分の弱点を克服すれば、その弱点がかえって自分の強みにさえなると思っている。性格さえも変わるものである。いわゆる人間改造は可能なのだ。「弱点は欠点ではない。しかし、弱点を無自覚のまま持ち続ければ欠点になる」というのが私の持論である。

ある経営者から、「私は社員の前でうまく話せません。何かいい方法はありませんか」という質問を受けた。いつ頃からそれを思っていますかと尋ねると、「もう十年くらい」と言う。「その十年間、どんな努力をしましたか」と再度尋ねると、「別にこれということはしていません」ということだった。何もしなければ、どうにもならないのは当然であって、弱点は厳然たる弱点として定着し、ついには欠点になる。

私事に例を取ったが、誰でも何らかの弱点を持っているはずだ。問題は気づくか否かである。それに気づかなければ、やがて自分の弱点は、直し難い欠点としてわが身にサビついてしまうであろう。

9 とんでもない〝見切り〟思考！

営業マンについて、どんなタイプが高い実績を計上しているかという調査報告がある。それによると、脳力（つまり頭）よりも性格が大きな要因になっている、つまり知識などよりも性格が彼等の実績を大きく左右しているというのである。

たとえば、労働科学研究所の調査データによると、自主性、外向性、指導性、社交性の四つの性格特性について、成績上位者と下位者を分けて調べた結果、次のような結果を得た。

「松本人志は知っているが、大蔵大臣の名は知らない」というほどの無知・不勉強は問題外だが、そうでないかぎり、知識などよりも性格のほうが、よほど成績を左右する要因になっているようだ。中でも、特に自主性と社交性のポイントが高い。これは私の経験から得た考えと一致する。しかしこのことは、たんに営業マンだけの問題ではない。

私のような仕事を長くやっていると、「この人は学があるから、事業もうまくいったんだな」などと思うことよりも、「あの考え方（性格）があればこそ、こんな成功を収めたんだな」というように、成功の起因は知識よりもむしろ性格にある場合が多い。

たとえば、私が合宿指導する企画に、ＳＳＴ（セールス・サバイバル・トレーニング）というのがある。これは簡単に言えば、家庭でも会社でもいいから訪ねて、「一時間仕事をさせてください」と自分を売り込む訓練である。

ここではっきり証明されるのは、ペーパーテストが高得点の人に、飛び込み訪問する直前に考え込んでしまうタイプが多いということだ。そして、学が邪魔するというのか、「この店は、これこれの理由で、訪ねてもきっと断られるに違いない。それでは時間のムダだから訪問はやめて次に行こう」という具合に、頭だけで判断する。

ところが、別の人がちゃんとその店で成功して戻ってくるのである。そういった人は、「○○だからダメだ」と考えるまえに、とにかく実際に挑戦してみる。えてして楽天的なタイプほど、このような行動をすんなりととれる。

	成績上位者	成績下位者
自主性	66・5	50・5
外向性	61・4	51・3
指導性	54・5	50・0
社交性	64・4	53・3

（ただし、男性営業マンについてのみ）

性格が勝敗を大きく分けるのである。人生の禍福さえ性格が左右すると思っていいだろう。

10 わかっていてやれないのは「無知」より悪い

私の好きな俳優の一人に加東大助さんがいた。加東さんはたいへん健康に気をつけていた人だ。あるテレビ番組で、健康管理に留意した食事などについて含蓄のある話をしていたのを見て感心したものである。

一方、加東さんのタイプと違って、無知とか不摂生から病気になる人も、世間にはけっこう多いようである。たとえばこんな例がある。

Aさんは、酒好きである。どの程度好きかというと、一日も酒を欠かしたことはなく、それも浴びるほど飲む。休みの日は、決まって朝酒をやる。また、食事は必ずと言っていいくらい大盛りで、しかもカロリーの高いものばかり。見かけはまさにあんこ型の相撲取りである。肉が好きで、特に豚が大の好物。

そのAさんは、四十歳にならずして死んだ。

Bさんは Aさんのように朝酒はやらないが、毎晩酒を飲む。それも量が多い。日本酒だと五合は飲む。ウイスキー一本を三日で空にする。Bさんはいま、肝臓を悪くして入院している。入退院を何回も繰り返した結果、ついには肝硬変になって、見舞った私に奥さんは「残念ですが自業自得なんです。あれほど酒は毒と言い続けたんですが、病院の先生も難しいと言ってます……」と悲しげに語る。

正直言って、Bさんの余命は長くはないようだ。私より若いというのに。

この二人を無知とは言わない。しかし、「わかっちゃいるけど、やめられない」というのであるから、意志が弱いというべきか。それともこの二人に愛の苦言を呈するなら、「わかっていてやらないのは無知と同じだ」ということである。

私たちの最大の資産である健康を損なって、人生途上で転びたくない人は、「名医を持つより、名料理人を持て」ということを自分に言い聞かせたいものだ。みなさんの周りにも、若くして病気で世を去った人がいるのではなかろうか。

作家の深田祐介さんが、「納豆が好きでよく食べていたが、ビタミンKが多く、高血圧の人の場合よくないことを初めて知った。これからは好きな納豆にも決別する」と新聞に書いていたが、いくら好きなものでも、それが身体によくないとわかればきっぱりと断つのが生きる知恵である。

〝名医の世話になるより、名料理人を持とう〟、もまた一つの生きる知恵であろう。

第五章

この〝当たり前〟ができますか

1年に一度、自分を「身許調査」にかける男

私はこれまでの人生で、「人間とは、これほどまでに自分のことがわかっていないものか」ということを何十回となく経験した。

たとえば営業マン訓練の場で、彼らのセールストークを録音する。それをリピートして本人に聞かせるわけだが、初めて聞いた人はほとんどが、「これが私の声ですか。別人の声みたいです」という感想をもらすのである。

自分の声を自分で聞いて、自分の声とは思えない、つまり人というものは、驚くほど自分のことがわかっていないわけだ。

しかし、満たされた人生、成功人生を過ごす人には、自分を客観視できる人、またはそういう努力を惜しまない人が多い。

三洋電機の後藤清一さんが、かつてこんなことを語っていた。

「松下幸之助さんがあるとき、社員向けの演説の後で、後藤くん、わしの話を聞いてどう思うと聞かれたんですわ。私が聞いたところでは、率直なところ『ああ』とか『ええ』という言葉が多くて耳障りでした。そこで、『ああとかええというのが多すぎます』と意見を言い

ましたら、それからというものは、『後藤くん、今日は何回ぐらいだったか』と、ああとえ、えの回数を聞かれる。何回でしたと言うと、『そうか、もっと気張って少なくせなあかんな』と松下さんはおっしゃった。

以来私は、松下社主の姿勢に打たれました。自分の話しぶりが、聞き手にどう映っているかを検証し反省する姿勢。松下さんの話しぶりは見事なものになっていったのは言うまでもありません」

松下さんは、経営の神様の名をほしいままにした人だが、そういう人でさえ、自分のこと（この場合話ぐせ）がわからないからこそ、部下の率直な意見に耳を傾けた。

私の知り合いのある社長は、年に一回は友人に、「金はもちろん私が払うから、私のことを調査機関に頼んで身許調査にかけてくれないか」と頼む。要するに自分のことを第三者に調べさせ、その評価を自己反省の材料にするわけである。これは相当の勇気がいることだと思う。自己客観視への強い意欲と自己成長への熱意がなければ、こういう行動は起こせない。

もちろん逆に、人生につまずきやすい人ほど、自分のことを、「わかっているつもりでわかっていない」ものである。

周囲との調和ある生き方をしてこそ、幸せは得られる。その調和のためには、自己客観視こそ大事な要件となる。

2 鬼社長が部下に打った、たった一行の〝心の電報〟

「当社の指導者は甘いのではありませんか。優しいというのならいいけれども、甘いというのでは部下も育ちません。優しいというのは、仕事に厳しくても公私を分け、たとえば部下の奥さんの病気にも心配りができるということです。当社の場合は、社員の行動を観察していないから、いいことをしても褒めず、悪いことをしても叱ったり注意したりしない」

私はある会社に対してこういう指摘をしたことがあるが、世間には表面的に猫なで声みたいな声を出すと、「何と優しい人」と評価をする例は少なくない。しかし、実態は声はおとなしくても心は冷たい人がいる。反対に言葉は少々荒っぽくても心は温かい人もいる。

たとえば、本田宗一郎さんの話し方というのは、率直に言えば決して丁寧な紳士言葉ではなかった。べらんめえ調と言ってもおかしくない。部下の頭を工具でひっぱたいたりしたこともあった。副社長を務めた西田通弘さんでさえ、「会社を辞めようと思ったことは五十回以上あります」と後に語ったほどだ。

だからと言って人は本田さんを尊敬しないかというと、そんなことはない。本田さんには、そのような短所を補って余りある〝何か〟があったのだ。

ホンダのレーシングチームがヨーロッパを転戦していたときのこと、ある日本田さんから一通の電報が届いた。何としても優勝しろという内容かと思ったら、「マケテモイイカラカラダヲタイセツニセヨ　ホンダ」と書いてあったという。当時チームを率いていた後の久米是志社長は、「涙が出るくらい嬉しかった」そうである。本田さんの思いやりが身にしみたのであろう。

これと対極にあるのが次の話だ。

ある会社の倉庫が火事で全焼した。出先から電話してきた社長は、「製品はどうした」から始まって、経済的な損害ばかりを聞いたという。後にこの会社を辞めた有力幹部が、「社員に関することを一言も聞かなかったですね。辞める決心はあのときしました」と語った。この社長は人を叱ったり、本田さんのように殴ったりはしない人だった。しかし、部下の信頼感は乏しかったという。

最初の話に戻ろう。私は親戚筋の中では、どうも厳しい人間ということになっているらしい。多分、白黒をはっきり言うからだろう。言葉の調子もあるかもしれない。とにかく噂を聞いていた甥の嫁が、じかに私に会ってみると、「噂と違う」と話していた。

自分を見るときも人を見るときも、たんに甘い人間ではなく、優しい人間、信頼できる人間を評価する人物鑑識眼を身につけたいものだ。

3 〃紙一枚の差〃をどう生かすか

アインシュタインは、幼年時代には天才に特有な特徴は何もなく、むしろ発育の遅い子どもだった。両親は「脳に障害でもあるのか?」と心配したほどだという。

ワーグナーは中高等学校に入るとき、希望する六学年に入るには成績が足りなかったので、やむをえず、五学年からの入学となった。音楽以外はとにかく勉強嫌いだった。

キッシンジャーの実業学校時代の総合学力は、〃おおむね良〃だったという。きわだった成績ではなかったのである。

それでいてアインシュタインは、相対性理論で物理学に革命を起こし、ワーグナーは楽聖とまで呼ばれるようになった。キッシンジャーの活躍はノーベル平和賞受賞で証明されている。

「へえ、こんな天才みたいな人が子どもの頃はタダの人かそれ以下だったの?」と驚く人もいるだろう。ただ彼らが多くの凡人と異なるところは、自分自身の中に人並み以上の強い武器があることに、しっかり気づいていたことだ。しかも、かなり早い時期に気づいて、それをより強くすることに努力したことである。

たとえばワーグナーの場合は、十六歳のときに学校を退学し、「音楽界のナポレオンになる」と豪語して、音楽の勉強一本に絞ったのである。

Kさんは会社の中の自分に疑問・行き詰まりを感じ始めていた頃、ある講習会に参加した。そこに講師として行っていた私は、彼に「あなたは何が好きですか、これは案外自分に向くのではないかとか、あるいはやってみたいと思うことは？」と尋ねた。

そのときKさんは、あれこれしゃべっているうちに、「……生け花もいいですね」ともらしたのである。そこで私は、ロマンスグレーの生け花の男の先生とはいい。むしろこの年輪こそがモノを言う。二、三年みっちり勉強すれば師範の資格も取れるだろうと考え、「やってみなさいよ」と勧めたのである。

Kさんはいま、小原流の師匠として約五十名のお弟子さんを持っている。年金の月額と同額ほどの収入もあり、本人に言わせると、「年々若くなるみたいです」と言う。まことにうらやましい限りである。

「何しろ女性に囲まれてやる仕事、楽しいです」と言ってペロリと舌を出す無邪気さで、年を取るのを忘れているようだ。

「生け花の才が多少あったんですかねえ」と自分を振り返るKさんだが、隠れた自分の才能を生かした一つの例と言えよう。

4 この〝犠牲〟があるから一人前になれる

東京の隅田公園で少年たちが草野球をやっている。中にずばぬけて身体の大きい少年が左投げ右打ちをやっている。

そのとき、「おい、きみ！　なぜ右で打つんだい」と声をかけた大人がいる。「お兄ちゃんが右で打っているから」というのが少年の答えだった。「今度は左で打ってごらん」と言うと、素直にハイと答え、左ボックスに入るや、いきなり右中間への二塁打を飛ばした。

この少年こそ、後のホームラン王の王貞治さんである。そのときアドバイスした大人が、当時巨人軍コーチの荒川博さん。これが昭和三十年の暮れ近くだった。

王さんのプロ入り後、川上監督から「王を一人前に育ててやってくれ」と頼まれた荒川さんは、彼に、「許可されるまでは、酒・タバコ・女とは絶縁します」と誓わせ、王さんもまたそれを貫いた。

何事によらず人より抜きんでて一事を成功させるには、趣味嗜好の一つや二つはやめるというように、何らかの犠牲は必要であろう。

ある中堅どころのマンション分譲会社の社長が話してくれた。

「どうしてもマンションがほしいという若いお客さんがいるんです。しかし毎月の支払いが苦しい。車のローンもあるし、海外旅行にも行きたいし……ということを言うんですわ。私なんかの世代は、マンションを手に入れるんだから車を我慢するとか、ましてや海外旅行はやめるなどするんですが、いまの若い人たちはそれができないんです」

こんな人は、一事どころか二分の一事でさえ、成し遂げたと言えるようになるのは夢のまた夢であろう。

私事になるが、私はいまの仕事を始めた当初に、長年なじんだ自動車通勤から電車通勤へと切り換えた。そして何十分か吊り輪につかまり、立ったままの電車通勤を経験して、がく然とした。ものの十四、五分で足がだるくて仕方がない。「長い間のマイカー通勤とデスクワークで足が弱ったんだ」と反省した。三十五歳のときだ。

経済的な理由もあったが、私は車を売ってしまった。「車がなければ乗ることもない」と考えたからである。

また、私はゴルフが好きだ。しかしやらない。ゴルフはやるわ、本は書くわ、飲むわ、それに金は欲しいわ……。これらすべてをできるわけがないからだ。さらなる大きな目標のためであるのだから、別に苦にはならない。やめた犠牲以上の喜びを味わうことができるからである。

5 当たり前こそ〝非凡の母〟だ！

ある財界トップが座右の銘にしているのが、「平凡の凡を重ねよ」である。

世の中には、一般の人から見ると非凡というか、桁外れの結果を出す人がいる。

たとえばトップ・セールスマンに例をとると、一年間に四百台もの車を売ったり、年間に六十棟以上の注文住宅の契約をする人もいる。

凡人たちは、頭から「自分にはとてもあんな真似はできない」とさじを投げるものだが、彼らはそれほど非凡なことをやったあげくに非凡な成果を出しているのだろうか。

答えはノーである。なぜなら、非凡な行動というのは長続きしない。続かない行動から建設的な結果が生まれるわけはない。では彼らはどんな凡事を積み重ねているのだろうか。

それを説明する前に、こんな話を紹介しよう。

中国は唐の時代を代表する詩人の白楽天が禅師の鳥窠《ちょうか》和尚に尋ねた。

「禅の道を学ぶ基本は？」

和尚は答えた。

「諸々の悪をなすことなかれ。諸々の善を勇気をもって奉行（実行）しなさい」

白楽天は内心思った。〝その程度のことだったら三つ子でも知っているわい〟と。

その心を見抜いた和尚は続けた。

「白楽天よ、よく聞きなさい。三歳の子どもでも、善いことをして悪いことはしてはならないということを知ってはいる。だが、それを実行するのは百歳の翁でも難しいことである。凡事を馬鹿にしてはならないぞ」

鳥窠和尚の言うとおりである。

「株などへの投機で儲けようなどと考えるのは、決して感心できるものではない」と本に書いた当の大臣が、株でずっこけてしまったのを私は知っている。ある会社の社長は口ぐせのように、「仕事に燃えれば、くだらん酒や女に引っかかったりはしない」と言っていたが、それをふだんから聞いていたはずの常務をやっていた息子が、バーの女と駆け落ちをしてしまった。しばらくして、その会社は倒産した。口で言うことを実行する（させる）ことは困難なことである。

たとえばビジネスマンにとって、無断で約束の時間に遅れたりするのはタブーである。しかし、人をしょっちゅう待たせて平気な人もいる。彼は三十代の若い二代目社長だ。

会社が少しずつ、確実に落ち目になっているのは言うまでもない。

凡庸をいい加減にすると、悲惨な結果に終わるのは目に見えている。

6 治療代不払い患者に効く〝頭のいい処方箋〟

自分の性格には鈍感でも、他人のことには敏感でその人の長所も欠点もよくわかる。これが多くの人々の持つ共通性ではあるまいか。

そこで大事なことは、人の性格をよく理解して、上手に対応することだ。人生とは、お互いが建設的に利用し合う社会を生き抜くことだから、人を建設的に利用する（相手にも喜ばれる）ことの上手な人が、人生万般を通じて成功しやすい。

アメリカでの話だが、一年以上も治療代を払わない患者を数人受け持っている医者がいた。彼は困っていた。できれば払ってほしい。生活の都合で、どうしても払えないときは、「しかたがない、クリスマスに免じてまけてやろう」と思い、みんなにこんな手紙を書いた。

「私ごとき医師へのお支払いも思うにまかせぬとは、さぞや毎日のお暮らしにもお困りと存じます」

すると何と、一週間ほどの間に、ことごとく治療代を送ってきたという。人々の自尊心に訴えたがために、あきらめかけていた代金回収に成功したのである。「払いなさい」と頭から要求したら、そうはいかなかったであろう。

ところが人は、往々にして自分の性格（好き嫌い、合う合わない）を中心にして、人づき合いをしがちである。転ばぬ先の杖どころか、そう遠くないうちに折れそうな杖を手にする人ほど、自己認識が甘いと同時に、人についての評価も適正さを欠きやすい。人物鑑識眼の甘さというやつである。

日頃から「厳しい」と評判のKさんに会ったときのことだ。食事をしながらの一時間半もの談話が、あっという間に過ぎ去った思いがした。それほど、人を飽きさせない話題の持ち主だった。しかし、何よりも私がKさんに魅かれたのは、物事に対する判断の的確さである。決して厳しいという表現だけで言い表わせる人ではない。

物事の判断が的確だからこそ、当然のように、正邪善悪良否の区別を、ぼかしたりせずに、はっきり口にする。それを、厳しいと評価されたのだ。人物鑑識眼の乏しい人というのは、Kさんの一面しか見えなかったのだろう。

人間というのは、十面体、二十面体どころではない。もっと多くの複雑多面体なのである。それを一面や二面だけ見て、あの人はこんな人だと評価して遠ざかるようでは、その人の人生の杖というのは、幸福への道に誘導する働きはしないのではあるまいか。

人見て法説くためには、複雑多面体である人間を、客観的に正しく理解する人物鑑識眼が欠かせない。

7 〃嫌われること〃に臆病になるな

私たちは多くの人から好かれたい、できれば知人友人の皆から好かれたいと思う。ところが、「われわれはいくら人から好かれようと努力しても、すべての人から好かれるわけには決していかない。それは、われわれがあらゆる人を分け隔てなく愛そうとしてもそうはいかないのと同じである」。これは河盛好蔵さんの言葉である。

最近のことだが、四十代半ばという見知らぬ男性から電話をいただいた。私の著書を読んでということである。その人は、こんな質問をしてきた。

「私の勤務する会社の中で、どうも私を嫌っている人がいるようだ。それを考えると最近は眠れなくて困っている。どうすればいいだろうか」という内容である。

よく聞いてみると社員が三百名ほどの会社で、この人は本社の経理課に所属しているという。本社には五十名ほどの社員がいるそうだ。

このくらい社員がいれば、表面は別にしても多少はこの人を嫌う人がいてもしかたがないと思うのだが、この人はとても心配だというのである。

そんな考え方でいると、職場では言わねばならないことも言えない。人間誰でも、自己主張しなければならないときがあるのだが、それすらできなければ、「どっち向いてもいい顔ばかりしやがって……」と言われるに違いない。

私がむかしいた会社でも、この電話の男性ほどではないが、とにかく周囲から好かれるとは言わないまでも、敵意だけは持たれたくないということを信条とする男性がいた。彼は接触の少ない人には、最初のうちこそ、「いい人だ」とか「温厚でイヤなことを人に言わない人」として好かれるが、半年とか一年経ってくると、いわゆる毒にも薬にもならない人として、部下にまで小馬鹿にされていた。

なぜかと言うと、「これこれをどうしますか」と新人などが仕事の質問をする。すると、「誰々さんに聞いてみて」と言うのである。爪の先ほどでも責任が自分にかかりそうなことは、「逃げるにしかず」と考えるのであろう。本人はそういう自覚はないと思うが、周囲はみな、そう思っていたものである。だから会議ともなると、発言の番がくると、しかたなく「私も誰々さんと同じです」と右へならえの発言になる。

ある月刊誌が、「沈黙は禁」という記事を載せていたが、周りにいい顔だけを見せたいための沈黙は、自分に対する周囲の評価をかえって軽薄なものにするのではなかろうか。

進んで敵をつくるのは愚かだが、日頃から個性ある仕事をしていれば万人を味方になどできるはずはない。

8 〝社畜化〟のたたりは後でやって来る

「社畜化したサラリーマンは社外（檻の外）にまったく関心を持たない。ただ、餌をついばむ序列（ペッキングオーダー）のみに関心を抱き、自分の序列を上位にするために、教えられた芸を執拗に繰り返す。教わった芸についての小さな改善はできるが、本当の創造はできない。つまり、檻の外で自ら餌を採る能力を喪失しているのだ」

社畜化とか檻とか痛烈な指摘である。この一文は、『良い会社』（日本経済新聞社）からの抜き書きであるが、サラリーマンにとっては、まさに痛烈の極みだ。

「われわれを家畜並みに扱っておいて、社畜とは何だ？」と、思わず反論と共にこぶしを上げたくなる人もいるのではないか。しかし、痛烈ではあるがそれだけに問題点の核心をずばり指摘しているというのが、私の率直な感想である。

ではいったい、どんな人が社畜化するのか――私なりの実感から言えば、会社との運命共同体的な考え方に凝り固まっている人である。言い換えれば滅私奉公に近いタイプだ。そういう人は〝凝り固まっている〟という自覚すらない。彼らにとっては、社名なしの自分の名前だけの名刺で多少なりとも食っていく武器を身につけているか、と自問することなど、ほとんどない。とにかく一に会社、二に会社、会社という池にどっぷり漬かっているのだ。

たとえば、十日間ほどの公開合宿研修。こんなところで徹底した社畜化マニュアル（と私は思う）に基づくトレーニングを受け、「いままでの私は、ずいぶんいい加減でした」などと言って泣き出すようでは、もう完全な社畜そのものではあるまいか。

また、駅で次のような光景も、よく見かける。下車した役員と思われる上司を出迎える部下たちが、後続の一般客の迷惑も考えず団子状になって新幹線の出入り口付近を塞いでいる。先の『良い会社』は、「自分の会社さえよければ、周囲はどうなっても構わないという行動も社畜化の表われ」と書いている。駅の出迎えもまさにこの延長線上にある。そしてこういう状況は特に大企業に多い。

つまり社畜化したサラリーマンは、檻の外を知らないということだ。ある乳業メーカーを、「給料分くらい稼がないでどうする！」とスピンオフした幹部が、やることなすこと失敗して、いまは借金取りに追われている。「世間のことはわかっている」つもりの本人も、いまでは、「わかっていなかった」と悔いている。悔いても手遅れではあるが。

社畜化のたたりは、ずっと後になって襲ってくるボディーブローと同じである。

9　鉄鋼王カーネギーの「人づき合い」の秘法

「清貧の家に育った子どもは、裕福な家庭の子どもたちに比べて、何物にも代え難い尊い宝を与えられている」と自伝に書いているのは、鉄鋼王と呼ばれたアンドリュー・カーネギーである。カーネギーの母親は、毎晩カーネギーが寝た後で息子のシャツを洗ったという。シャツが一枚しかなかったからである。わずかな金を稼ぐために夜遅くまで働いていた母親に、彼は「ぼく大きくなったらお母さんに絹のドレスを買ってあげるから」と言ったという。このように、カーネギーは、肉親ばかりでなく、人の恩に報いること、人の心を察することにきわめてあつかった。

ここで二つの例を紹介しよう。ある会社を訪ねた。受付に行くと、二見という者が来るはず、という連絡がすでに届いている。だから「二見様ですね」という具合にツーカーのコミュニケーションで社長室に案内された。社長は貧乏な家庭の出身だ。

さてもう一つの会社。社長は、「誰々を配置換えしたが報告をしてこない」とぶつぶつ言っている。しかし当の配置換えされた幹部の話を聞くと、「ある日一方的に転属を言い渡され、理由を求めても、そんなこともわからないのかと怒鳴られる。社長が私に何を望んでいるのか、考えてはみたのですが、わからないんです」と語る。第三者の私から見て、この幹部の言うことは本質を突いている。私自身も、この社長の意図が全く理解できないのだ。

先の会社の社長は、すでに書いたように貧乏家庭出身の創業経営者。後者の社長は二代目の若い四十前の社長。こちらは金に不自由をした経験がない。貧しい人は、貧しいからこそ懸命に働いて稼がねばならない。稼ぐということは、人に使われて仕事をするわけだから、自分のやりたいことをやるのではなく、相手（会社や上司）が自分に求める仕事をしなければならない。そういう過程を通じて、我慢をする、人の気持ちを察する、相手の期待に応える気配り、素直さなど、さまざまな共感性が敏感に磨かれる。

ところが後者の社長の場合は、金があり親の地位があるから周囲がちやほやする、人に頭を下げなくて済む。すると、我慢をする必要もない。周囲が自分の気持ちを察してくれるのだから、自分のほうからわざわざ察する必要はない。しかし、やがて親の七光りもなくなると、周囲のちやほやも消えるようになる。この辺から、「人の気持ちのわからない人」という本当の評価が自分に寄せられるようになるが、多くの場合手遅れだ。

人の気持ちに鈍感な人は、何をやってもうまくいかない、と言うと言いすぎだろうか。いやそうではあるまい。だから、「長者に二代なし」と言われる。私の家も貧しかったが、だからこそ今の仕事ができたのかもしれない。豊かな共感性は宝である。

10 「思いやり」の因果はめぐる!

子どもが親を大切にしない、孫までも祖父母を邪険にする。こういう悩みを打ち明けているのを、最近もラジオの相談番組で聞いた。そういう原因がすべて親にあると断定はできないが、次のような親業のあり方を、あなたはどう受けとめるだろうか。

仮に山本家として話を進めよう。親子四人の家族である。長女は大学三年、長男が大学一年で、二人とも巣立ち間近だ。

祖父亡き後、元気で長生きされた祖母も、寿命が尽きて最近亡くなったが、この祖母の口ぐせは、「私は幸せだ」というものだった。

親しい人に会うと、折に触れて、「孫が敬老の日に、アルバイトをしてこれを買ってくれまして、孝行な孫を持って私は幸せだ」などと語る。

こんなことも、しばしば口にしていた。

「おじいちゃんと二人して田舎にいた頃、息子は長期休暇には必ず孫たちを連れて帰省してくれました。それで東京に戻った後、孫たちが必ず手紙をくれましてね。捕って帰ったホタルが元気にしているとか、おじいちゃんは酒を飲み過ぎるなとか……。本当に幸せです、おじいちゃんも私も」

じつは山本さんも奥さんも、「因果はめぐるものです。私たちが親を大事にすれば、やがて成長した子どもたちも、私たち親を大事にするのではないでしょうか」ということを語り続けてきたご夫婦である。

案の定と言うべきか、この二人のお子さんも親孝行であるし、この先きっと、自分たちが子どもを持ったときも、「おじいちゃんたちに手紙を書こう」とうながすに違いない。自分が小さい頃、そうしたように。

山本さんはいまでも、「おい、すまんがおじいちゃん用の盃に新しい酒を入れといてくれ」と、息子さんに仏壇の盃のメンテナンスをさせる。「身体で仏様を大事にすることを教えるためです」ということだ。古めかしいと思う人もいようが、こういう人間として大切な心が、流行だけを追い求める一方でどんどん失われているようだ。

山本さん一家とは正反対に、「子どもなんて、結婚するとアテにならん」とぷりぷりしていざこざの絶えないKさん宅では、嘆いてグチをこぼす肝心の夫婦が、かつてはずいぶん老いた両親に冷たくあたったものだ。

因果はめぐると言うが、自分たちが老いた親に冷たくしたように、いま自分たちも冷たい仕打ちを、わが子から受けている、その原因に気がつかないのである。

第六章

その口、〝開けっぱなし〟にご用心

1 〝今太閤〟の異名をとった男と「乃木大将」

人間ならば誰でも〝弱点〟を持っているはずである、という理屈はわかる。しかし、これが土壇場にならないと、なかなか実感としてわからないのが、これまた人間の共通した弱点と言うべきか。

ところが世間には、幸か不幸か自覚しないわけにはいかないほどの弱点を持つ人がいる。ある人物について話してみよう。

新潟出身のある男がいた。彼は兵隊で北満（いまの中国）にいた頃、妹に手紙を書いた。その妹が慰問文をくれたのだが、左手で書いてあったのである。それに対する返事だ。「兄さんはこれまでの全人生をかけてどもることを直した。おまえもそんな気持ちで〝左きき〟を直しなさい」。この男とは田中角栄だ。

評論家の草柳大蔵さんは、田中のことを、「田中の行動の基点には『吃音』（どもること）がある」と書いている。実は私も同じ障害を持っていたから実感としてよくわかる。

田中は少年の頃、「歌と寝言はどもらない」ということを発見した。そしてその矯正のための自己流訓練として、膝で調子をとりながらものを言う練習を始めた。流行歌も盛んに歌ったという。当時の流行歌には浪曲の入るものも多い。彼は、「乃木大将」が得意で、学校の昼休みの一時間、はじめから終わりまで一字一句間違えずに口演したのは、学校での語り草になっていたそうである。

そうした訓練の結果、読者で気づいた方もいるだろうが、田中のスピーチというのは、どこか講談師調になってしまったのである。節をつけてものを言う訓練の結果だ。

どうも世間には、自分の弱点を嘆く人はいても、それを発奮のバネにするのはごく一部の限られた人しかいないという気がする。中には、弱点そのものに全く気づかない人さえ少なくない。しかも、そういう人はこの種の本も読まないだろうから、さらに周囲との差は広がるばかりになってしまうのではなかろうか。

また田中のように、若いときに大きな挫折感を味わい、しかもその障壁を乗り越えた経験を持つ人というのは、困難克服のための強靭な力を身につけている人が多い。

経営にしても同じであって、ある成長業界に目をつけて会社を興したところ、すくすくと会社は大きくなる。それ売れた、ほら儲かったということで社員も増えた。しかしそこで、ガクンと不況という冬に襲われたとする。こんなときに困難克服の経験がない経営者というのは、慌てふためいて右往左往することしかできない。

学ぶ材料はゴロゴロしている。中でも自分の弱点は、特に学ぶべき対象である。

2 「ついて来い」から「つれて行け」への逆転の発想

前述の吉川英治記念館から、複製ながら一枚の色紙を買い求めて、事務所の壁に掲げている。そこにはこう書いてある。

「我以外皆我師」

いまは亡き、吉川英治先生の書である。

勉強しよう、何かつかみ取ってやろう、いまより一歩でもいいから高いところへ登ろう。このように自己向上欲という炎がいつも燃えている人というのは、この吉川先生が好んで書いた色紙のように、自分を囲む外界のすべてを勉強の素材にするものである。

Mさんという、秀逸な管理者のことを紹介したい。部長職ともなると、「おいA君、たまにはつき合えよ」などと部下を連れて飲みニケーションを図る人は多い。このときM部長は、ちょいちょいと部下の縄張りに足を伸ばすのである。「おいA君、今日はきみの縄張りに案内してくれないか。もちろん予算は当方持ちだよ」というように持ちかけて、部下の行きつけの店へ出かけるのである。

「彼らの行きつけの店に行くのが、若い連中を理解するのにいいんですよ」と言う。

M部長はこんなことも語る。

「たとえば私たちの年代は、カラオケで歌うときも、五、六年前にはやった歌の場合、ちょっと古いけれどもと断るんですね。ところが彼らは一年前に流行した歌を、古い歌だけどと言うんです」

なるほど。若い部下をうまく使いこなす勉強を真剣に心がけると、部下との飲み方も、ついて来い式から、つれて行け式に変える知恵が出るのである。

「だから」と前置きして、M部長は語る。

「会社でも、六カ月ごとに座る場所のローテーションをやるんです。変化の中に彼らを巻き込むことによって、新鮮さを感じさせマンネリ化を予防するんですよ。効果ですか、ばっちりありますよ。やってみられたらどうですか？」

変化という刺激の中で育った若者なら、変化でインセンティブを与えようという知恵だ。

そして、それもこれも、若者の縄張りに出かけて初めて思いついたことだと言う。

ただ、ここで加えたい大事なことは、自分がいかに物事を知らないかを知る人でないと、こういう逆転の発想は出て来ない。

自分の無知を知ることは立派なことだと孔子も教えているが、そういう謙虚さの中から、何からでも学ぼうとする意欲（エネルギー）が、湧き出るのだろう。

3 「計画倒れ」によく効くクスリ

ある銀行の支店長から、「今日はうどんとそば、そして寿司屋を開業したいという人が三人も融資の申し込みに見えましてね。あなたなら金を貸しますか」と、なにがしかの資料を見せられて尋ねられたことがある。

三人それぞれに個別事情を理解するには時間が足りなかったから、一般論とお断りをしてこんな意見を述べた。

「客の評判がよくて、商売繁盛の店を百軒くらい食べ歩き勉強をする。味はどうか、食器はどんなものを使っているか、接客の態度はどうか。いろいろな角度から勉強して回る。そのうえで、ヨシ、俺もこんな商売をするぞと決意して融資依頼に見えるなら、融資条件の大きな関門の一つをクリアしたことになるのでは?」

私がいつも使っている駅と自宅との間には、さまざまな商店がある。

ところが中には、「おや、この店は六カ月ほど前にオープンしたばかりなのに、もう廃業か?」とか、「この店は、ほんのこの間まで〝うなぎ処〟だったのに、今度は〝中華そば店〟になっている」という具合に、いとも簡単に挫折する商売を見ることもしょっちゅうだ。

おそらく、安易に頭だけで考えて商売に手を出すから、いとも簡単に失敗して崩れ去らざるをえないのであろう。

私はかつて、横浜に美容院を開業した。私の場合は、きわめて頻繁にパーマやセットに来てくれるバー勤めの女性たちをキャッチし、しかも一般の女性客にも来店しやすい立地はどこか、この場所選びのために、いま営業している場所から半径五百メートルほどの範囲を三、四十回は歩き回ったものだ。

私はこの歩き回りで、水商売の女性は、下着まで一般の人と異なることを発見した。干した洗濯物を見ているうちにわかったのである。

住民の一人が、「最近このへんを、きょろきょろしてうろつく男がいる」と交番に通報して職務質問され、後でそのお巡りさんと笑い話になったことがあるほどだ。

自分には知恵がある、と過剰な自信を持つと、つい汗を流して物事を深く考えることをおろそかにしやすい。そんなペーパープラン、デスクプランだけで物事がうまくいくならば、この世に苦労などありはしない。

知恵に汗を加えてこそ、堅固なプランとして結実するのである。

4 このちょっとした〝心のお返し〟ができる人は伸びる

ある日、とある番組のレギュラー司会者が、自分のネクタイピンを紹介しながら語っていた。

「このタイピンは手づくりです。実は視聴者の方が送ってくださいまして……」

私は、これを見ていて、「差し上げた人は、ああ贈り甲斐があったと、喜んでいるだろうなあ」と思ったものである。

この司会者とは、藤本義一さんだ。藤本さんはきっと、「このタイピンをくれた人はテレビを見ているに違いない。だったら、ほらこのとおりあなたからいただいたピンを使ってますよと、相手の厚意に報いなければいけない」と思ったに違いない。

さて、話は私事になるが、ある団体の責任者から、贈り物をいただいた。タイピンとカフスボタンのセットである。そのセットは陸上自衛隊のある機関が企画した記念品だが、私が若い頃自衛隊の制服を着ていたことを知っていて贈ってくださったものである。

その団体の催事に出かけたおり、ちょうどいただいたばかりのタイピンをつけて行ったところ、ビルの玄関で出会った瞬間に、相手は「おや、ネクタイピン使っていただいてますね」と、すごい喜びようである。私自身も、「今日は、いただいたものにしてよかった」と、つくづく思ったものである。

ところが世間には、そういう気遣いができない人、相手の気持ちに気づかない人も少なくない。

あるとき、私の著書を読みたいという知人がいて、「それじゃ本を郵送しましょう」ということになり、書籍専用の封筒で送った。

受け取ったという返事もないまま、しばらくして相手を訪ねてみると、なんと私の送った本は開封もされず、本やその他のものとゴチャ混ぜで下積みのままではないか。これでは、私の気持ちに泥水をはねかけるのと同じだ。言いようのない屈辱感すら感じたものである。しかも、これにはおまけまでついた。本が必要だから返してくれと電話したら、「お借りした記憶がない」という返事で、まさに唖然とした。後ほど、すみませんでしたという詫び状が届いたが、もはや読む気もしなかった。

人に対して気遣いができない人というのは、人から学ぶこともない。勉強というと、セミナーに参加することと思い込んでいる人が増えているが、そういう単細胞人間が、おおむねこういうタイプの人間に該当するようである。人を気遣えるのは、人の心への思いやりがあるからであり、そういう人は〝賢者は愚者からも学ぶ〟を地でゆく人である。

5 〝悪人揃い〟で家庭円満！

現代版イソップ物語と思って読んでいただきたい。

あるところに二軒の家庭が隣同士で住んでいた。仮にA家とB家とする。A家は家庭円満、近所もうらやむ仲よし家族である。一方のB家ときたら、年中家族同士のケンカが絶えない。茶碗や皿の割れる音もしょっちゅう外まで聞こえるほどだ。

そうしたある日のこと、村外れの一本道で両家の主人がばったり顔を合わせた。できればそんな場面は避けたいB家の主人だが、逃げるわけにもいかない。ぎごちない挨拶の後でBさんは尋ねたのである。

「お宅は仲がよくて、うらやましい。それにひきかえ私どもの見苦しさときたら、恥ずかしいかぎりです。ひとつ、家庭円満の秘訣を教えてくださらんか」

するとAさんは、「お恥ずかしいのは私どもです。何しろうちはみんな悪人揃いで」。

ご冗談をおっしゃいますなと言ってなお聞くと、Aさんはこんなことを語った。

「今朝ほどでしたが、家内が多少の食べ物の入ったどんぶりを台所の入り口に置いておりましてな。そこに娘が入ってきたのですが、そのどんぶり鉢を足に引っかけて割ってしまったんですわ。すると家内が、ああすまなんだ、私がそんなところに置いていたのが悪かったと詫びるんですよ。すると今度は娘が、母さん私が不注意でしたと言うんですな。こんなわけで私の家はみんな悪人ばかりです」

これを聞きながらBさんは、〝俺の家は全然逆だ〟と深く反省した。

B家でこんなことでもあろうものなら、「何をぼんやりしてるのよ。ちゃんと見て歩きなさい。いったい目はどこにつけてるの」と母親が言うだろう。

続いて娘が反論をする。「何よ、ぼんやりというのは母さんのほうでしょう。こんなところに置いておくのがいけないんじゃない」

この母娘の舌戦の火ぶたを皮切りに、てんやわんやが始まる。そんなことを考えながらBさんは、〝結局俺の家では、みんなが善人になろうとするんだ。私は悪くない、悪いのは自分以外にあると言い始めるから、いざこざが絶えない〟という思いがじわじわと、しかもしだいに強く自分を締めつけるのを感じないわけにはいかなかったのである。

こんなB家式の発想をする家庭や人は多いのではないか。かく言う私にもないとは断定できない。

A家式の発想がごく自然にできるようになるためには、人間修行を欠かさず続けること。仕事に人生に、生かすべき〝悪人論〟ではなかろうか。

6 人間の厚みはこの〝横糸の太さ〟で決まる

耳学問という言葉がある。これを小バカにする人もいるが、そう軽く見下すのもどうかと思う。要するに、人の話を素直になってよく聞いて学び取るということだから、その人自身の姿勢や吸収のしかたしだいだろう。

さて耳学問と言えば人脈がベースになるわけだが、これにも縦糸型と横糸型がある。

縦糸型というのは、上役・同僚・部下後輩という組織内の人脈を指す。いわば、外海の荒波からわが身を守ってくれる防波堤の中だけの人脈である。

この人脈だけにかたよっている人には、当人には申し訳ないが、これと言ってプラスになる耳学問は入ってこない。

ところが、ほかのビジネスマンとつき合ったり、ある会社の研修会に社外応募したりする。あるいはビジネス書を読み、中にはその本に心洗われる思いがして著者に手紙を書く。こういう人というのは、縦糸のほかに丈夫な横糸まで編み込まれた人脈を持つことになる。すると、人生が実に生き生きしてくる。

なぜ、後者の人脈から、より力強く生きるパワーが生まれるかは、言うまでもない。耳学問で得る知識、知恵のほとんどが、新鮮で前向きな横糸人脈から発せられるからである。

横糸の人脈というのは、その多くは異業や異職、つまり自分とはまるで異なる情報網や考え方の持ち主から成る場合が多い。むしろ自分がふだん苦手に思うとか、関心の領域外にある分野の人たちかもしれない。

そういった人たちが集まって意見や情報の交換をするのだから、いやでも視野は広がるだろう。

そんなわけで、いろいろな自己啓発グループが各地に育っている。主催者が収益を無視して一種のボランティア精神で、グループを運営しているケースも少なくない。そして、勉強熱心なビジネスマンや、何の目的も持たないまま年を取るのがイヤだ、という人たちがそういうグループに属して意見の交換をしている。

もちろん、そこで育てる人脈は、ほとんどが横糸人脈だ。縦糸人脈は、ふつうにしていれば黙っていても育つが限界がある。ところが横糸人脈は、努力を必要とするが、視界をぐっと広げてくれる。

ということは、発想の拡大につながり、人生をよりパノラマ的に見通す目を育てることに通じるわけである。

7　人生の「帳尻」を成功で締める確実な法

「過ちては則《すなわ》ち改むるにはばかることなかれ」とは、『論語』学而篇の一節である。「人間誰でも失敗や過ちはするものだ。ただ、問題はそのことに早く気づくかどうか。そして、気づいたならばその失敗や過ちを潔く認めて反省をする、または改善をする。それが人間として立派なことであり、それこそ人間の成長ではないか」

孔子はこう言っているのである。

われわれは人間である。神様でもスーパーマンでもない。だから失敗や過ちをしでかすこともある。問題は、そういうときに、前に紹介した悪人家族ならぬ善人家族のように、「自分に問題はない」と考えていたら、人間の進歩などないのではなかろうか。

現在の仕事を二十年以上も続けていると、成功する人、失敗する人の行動軌跡を見る機会も多いが、その傾向に如実に表われているのが、いまの孔子の言葉である。

たとえば成功していたはずなのに、いつとはなしに消滅してしまった会社というのは、経営者に、「改むるにははばかることなかれ」という考え方がない。または、そういう考え方を学ぼうとしない。

その点、商勢をぐんぐんと伸ばし、人間的にも成長して周りに人が集まってくる人というのは、改むるにはばかることのない人である。

そして、何より忘れてはならないのが、彼らの度量の大きさだ。要するに肝っ玉がでっかいか、ちっぽけかということだが、ちっぽけだと、「今回の件は、私の失敗だった」と潔く自分の非を認めることなど、まずできない。

合宿公開研修に参加した男性が、男泣きしながら、「なんと惰性的な人生を送ってきたのかと思うと、自分が情けなくなります」と言って涙を流すのを何回も見たことがある。

前述したが、私はああいう場面を見ると、バカバカしいと言うかナンセンスと言うか、実にくだらないという気がする。いい年をして、あそこまで追い詰められなければ、自分の弱点がわからないのであろうか。本質的に自己管理に不向きなのではないか、外圧がかからないとダメな人間ではないかとさえ思う。

だからと言うべきか、あの合宿で、「私は私自身を変えました」という人には、まだ一人もお目にかかっていない。「当座だけはいいかな、と思ったんですがやっぱりダメですな」と評価される人が多い。

人生の最終の帳尻を「成功」に結びつける人とは、外圧からではなく自分の意志で、進んで改むるにはばかることのない人であるというのは、古今東西の真理である。

8 その口、〝開けっぱなし〟にご用心

〝発信機能〟だけ肥大化すると、とんでもない失敗をすることがある。

私はある日、T社の社長から呼び出しを受けた。

「実は、折入って相談がありまして……」と切り出した話は、顧問を引き受けてくれということだったが、そのとき聞いた話が、いまも頭にこびりついている。それはざっとこんなものだった。

彼はあるとき、よく出入りしていた銀行の支店長から、ぜひ会ってやってほしい人物がいるのだが、との相談を受けた。

できたての小粒な同業の会社社長が、「この地域ナンバーワンのT社長にご挨拶したい」ということらしい。席は一流どころの○○亭に用意させていただく。何とぞご臨席をというわけで、T社長としても悪い気はしない。

「まあ、そこまで言われるなら……」と、わざと鷹揚さを装って出かけることにした。

先方のホヤホヤ社長は、畳に額をこすりつけんばかりにしてT社長を迎え、さあどうぞと床の間を背にした上座へご案内。

T社長は語るのだった。

「その社長は、『私など何も知りませんで』、『ほう』、『なるほど』、『左様でございますか』、という具合に、熱心に聞いてサッとメモ。そして私に尋ねる。豚もおだてりゃ木に登ると言いますが、調子に乗った私はペラペラと経営のノウハウをしゃべってしまったんです。その結果、今日現在の実態はご存じのとおり、うちはガタガタ。向こうさんは日の出の勢いですよ」

実はT社長は、亡くなって久しい。自殺である。

「私は発信機能だけが肥大してたんですな。先方さんは、はいはいとバカになり切って、先発のノウハウを優れた受信機でがっちりキャッチしていたというわけです」

誰でもそうだが、発信機能だけが肥大化すれば当然のように、受信機能、つまり人の話を聞く能力が衰え、ついには人の話を聞くことが我慢できなくなってしまう。話したくてうずうずするが、考えてみれば何のことはない。自分の肚はすっかり読まれてしまうが、相手からは何も得られない。損な話だ。

何事も勉強だ、何かをつかみ取ろうとする意欲が絶えまなくある人は、発信と受信の機能を両立させているものだ。

優れた受信機能を身につけてこそ、いい知恵も転がり込もうというものである。

9 相手をその気にさせる「呼び水」

受信機能が大事だと先に書いたが、では発信機能はさほど重要ではないのだろうか。はいはいといつも聞き役でいれば、こいつはよく話を聞いてくれるからと、相手は自分のためになることをあれこれしゃべってくれるのだろうか。そんなことは、ふつうありはしない。

情報収集は有能ビジネスマンの不可欠要素だ。「相手からしっかり情報を取って来いよ」などと部下にハッパをかける上司も多い。なるほど会う相手は、豊富な情報や知識の持ち主としよう。そう、井戸で言えば、たっぷりと清水を蓄えた井戸である。ポンプを何回か上下させれば、その清水はあふれ出し、冷たい水はのどをうるおすはずだが、残念にもパッキングが縮んでスカスカのこともある。

こんなとき、私たちは手杓一杯の〝呼び水〟をポンプの上から流す。こうやって初めて手応えを感じることができるのである。この〝呼び水〟が大事なのだ。これがなければ、どんなに豊富な井戸水でも、汲み上げることはできない。

ある家具メーカーで、「各販売店の年商を把握しよう」ということになった。ところが社員を何グループかに分け情報を収集させたところ、情報の収集に成功したグループ、ダメだったグループがはっきりと分かれた。

まずダメだったグループのほとんどは、呼び水情報を準備せず、単純に、「あなたの店の年間売上高は?」という聞き方をしている。中には相手から、「いつから興信所になったんだ?」と皮肉られて、そんなこと教えられるわけがないと突っぱねられたグループもあった。

一方成功したグループの多くは、「しかし婚礼家具類だけで年間一億三千万円ですか。大したものですね。全体の何%ほど占めますか。ほう、そうですか。約八%ほどとしますと、このお店だけでかなりの売上げをあげておられるわけですね」と、相手が相槌を打てるような会話のキャッチボールを心がけているのである。

そして、あとで推計値をはじき出す。つまり、一億三千万円で全体の八%だとすれば、年商十六億二千五百万円という数字を押さえられる。

グレードのいい発信機能を持った人とは、黙るべきときを知ったうえで、いまは何を、どのように話すべきかを心得た人である。まさに発信チャンスであるのに沈黙するというのは、美徳ではなく、たんに無知だから言えないだけのこと。

対人場面を通じて、立派な耳学問をする人は、優れた発信能力を発揮するからこそ、相手もまた優れた返信で応えてくれるのである。

10 向上心を高める〝変圧装置〟

よく国際会議などの場で、「日本は、外圧をかけなければ何もやらない」ということが言われる。

国際政治のことは別にして、常に先手を打つ自助努力型の人には、進んで外圧を求め、それを自分の内圧を高めるパワーに取り入れている人が多い。

たとえば、ロケット博士と呼ばれたIさんが、ある雑誌にこんなことを書いている。

「私は、ある日ばったりと電話も来なくなり、仕事がガクンと減ったらどうしようかと考えるんです。そして、そんなことにならんように何をやるかを真剣に考えます」

この考え方、この〝もしも〟という危機感が大事なのだ。これはもちろん不安感とは違う。現状安住を否定するのが危機感、安住の結果、否応なく直面した逆境にどうしていいかわからずオロオロするのが不安感である。

Iさんは、危機感という外圧を取り込むことによって、自らの内圧を高めて人生に挑んでいるのである。

私もIさんと同じように、いくつかの「外圧取り込み法」を持っている。

たとえば私は書店に寄ると、知人の新刊本を必ず手に取る。そして「いい本を書くなあ」とか、「よく研究してるなあ」と感心、尊敬する。

そういう気持ちを、発展的に外圧として受け入れる。そして、「俺なんか、一段落してほっとするとボケーッとするところがあるが、これじゃいかん」と、自分自身を叱りとばすのである。

先に述べたように、私は吉川英治記念館に毎年出かけ、自分自身にカツを入れる。いわば外圧として利用しているのである。

吉川先生はかつて横浜の印刻店で住み込み店員をしていたが、クビになり家も追い出されてしまった。それからの「菜切れのかけらもなく、他人の畑から芋を掘り出して食べた」などという話には、「まさに辛酸をなめる暮らしぶりだったんだなあ」と痛感する。

「それにひきかえ……」と、つい、だらけそうになる自分自身にムチを当てるのである。

「じゃ、私なんか鉄棒でなぐられんといかんですな」と冗談を言った人がいるが、いずれにしろ周囲を外圧に見立てて、自分の内面圧力、つまり〝やる気〟をふくらませる。これは手近な自己向上の賢策ではあるまいか。

第七章
「今日は何をやろうか」では甘すぎる

1 〝移り香〟のいい人間関係をつくれ

人は〝染まる〟ものである。別に色が見えるのではないが、その人の物の言いぐさやしぐさ、人との対応のしかたや態度に、その染まり具合が表われる。

では、ひと口に染まると言っても、何に染まるかと言うと、人に染まるのである。ある人はこれを〝移り香〟と呼んでいる。

不良仲間とつき合えば不良らしく染まる。飲んで騒ぐだけの仲間とつき合えば、それらしく染まる。人品骨柄の卑しい連中とつき合えば、どんなに隠そうとしても、卑しい移り香は消せないのである。

たとえば、最近驚くべき年賀状をもらった。前年度のお年玉ハガキが使用してあるのだ。これは腐った果物を人にあげるのと同じことだが、そういうことを学ぶ人脈がこの人にはないのである。

「これこれについてどう思うか」という問い合わせや相談の手紙をよくもらうが、バカでかい角封筒でよこす人は、手当たりしだいの封筒で間に合わせる無神経な人。どこかのホテルの便せんで間に合わせる人は、雑巾とふきんを一緒くたにする人。切手も同封せず、返事をくれという人は、非常識で問題外の人。

これらの人に共通するのは、九九パーセントの確率で、つき合う相手のレベルが低い。「あの人とつき合っていると、教えられることがいろいろある」の反対で、何年交友を続けても、建設的なことはカケラさえ残らない人脈なのだ。また、そういう交友というのは、だいたいが長続きしない。良識レベルと言うか常識の程度が低い者同士だから、人脈を育てるというよりも、たまたま知り合っただけの偶然の知人にすぎない。だからちょっとしたことで、くっついたり離れたりする。

ところが、同じ染まるのでも、自分が実にいい色に染まるような人脈は人生の宝だ。

私は二十代の頃、「きみの字はNさんにそっくりだ」と、多くの人から言われたことがある。中には、「Nさんの弟みたいだ」と言う人もあった。

そのNさんとは、私の直属上司だったが、仕事のやり方はもちろん、時間管理から生活管理に至るまで見事なまでに強烈に、私に刺激を与え私を染め上げてくれた人だった。男が男にホレるという感じだった。

私はN色に染め上げられたのである。N色の特色の一つは、「どうせやるなら、仕上がりのいい高品質の仕事をせよ」ということだ。

私のいまの仕事を支える武器の中には、Nさんによって染められたものが少なくない。

2 頭と身体の〝サビ〟を防ぐ私の時間割

私は年齢より相当若く見られる。年の話になると、「どんな運動をやっていますか」と尋ねられることもしばしばだ。

質問者は、言葉の裏側に、「ゴルフか何かやっていますか」とか、「ジョギングをやっていますか」という意味を含ませているようだ。

しかし残念ながら、こういう質問者の期待を私は裏切る返事をしてしまう。なぜならば、いわゆる世間で言うスポーツというものを、何もやっていないからである。

では身体を動かしていないのかというと、月に二、三回ゴルフをやる人よりは、むしろ私のほうが身体を動かしているのではあるまいか。

頭も身体も、使わなければ廃用性萎縮を起こしてしまう。考えることをしなければ頭は早くボケるし、身体も使っていなければ、だんだんと動かなくなるだろう。寝たきり老人の〝寝たきり〟が、ますます頭と身体をダメにしていることは、医学的にも立証されているではないか。

このような脳力、体力の衰えは、二十代からすでに始まっている。

その考えから私は、毎朝後頭部に両手を回して、ぐっと起き上がる腹筋運動を五十回以上継続している。腕立て伏せも同じくらいやる。自宅はもちろんホテルでもやるから、一年三百六十五日やらない日はない。

駅などの階段は一段おきに駆け上がる。エスカレーターは、よほど重荷を持つとき以外は利用しない。新幹線でデッキへ出たとき、誰もいなければ、手すりを握って足を伸ばし、上体を上下させたりする。

私は若いときからどの筋肉をどう動かせばいいか考えて、自己流の体操（運動）をやるようにしている。

動けば血液循環も盛んになるし、同時に酸素も身体中を勢いよく駆け巡る。これが本を書くのにもいい。

エアロビクス体操というのがあるが、これにも、跳んだりはねたりすることによって呼吸を盛んにし、酸素を大量に取り込む働きがある。

俗に〝血の巡り〟がいいとか言うが、これには身体を動かすことも関係しているのである。とにかく、動くほど、血液も酸素もどんどん身体中を駆け巡る。それによって頭も身体も活性化され、より鋭い切れ味のいい動きをするようになるのである。

3 「今日は何をやろうか」では甘すぎる

「どうしてあんなに若いんだろう」とか、「なぜ、あのように情熱的なんだろうか」と思わずにいられないように生き生きしている人がいる。

「あと二十年、三十年もしたら、いったいどうなると思いますか。いまの日本、これでいいわけありせん」と熱っぽく青年の情熱で語った松下幸之助さんは、当時八十歳目前だった。

五十代になってから司法試験に挑戦して合格した人もいるし、一方には、六十歳近くになってからめでたく大学を卒業した人もいる。

私はいつも、「こういう人たちの若さの秘訣は、いったい何だろうか」と思っていたが、その秘訣の一つを、ある人から教えられた。

ある大会社は、勤続二十年社員を対象に、慰労をかねて一カ月のリフレッシュ休暇を実施している。

私の知人でこの休暇をもらってリフレッシュしている人がいたが、あるとき私を訪ねてきて、こんな実感を切々と訴えるのであった。

「忙しく働いている頃は、正直言って今日は休みたいなあと思うこともありました。混雑する通勤電車までもが、すごく疎ましく感じちゃったんですね。

ところが休暇をもらって一週間もすると、実感として思うことは、〝今日の目標〟というものが消えてしまったことですね。いままでは、あの満員電車に早く戻りたいくらいです。やはり、今日はあれとこれを片づけるぞという目標、これが動力源だということですよ」

人生という尺度で考えるようなはるか遠くの目標は別にして、〝今日の目標〟は、欠くに欠かせぬ私たちの動力源なのである。

さてここで、彼の話から学ぶべき教訓は二つある。まず第一に、今日は何をやろうという目標を持つことが、いかにその人にとってのバイタリティ、若さを保ち続けるうえで大切かということ。そしてもう一つが、わずか一週間で何をしていいかわからなくなるほどの〝会社人間〟では、日々の仕事に追われすぎているということである。こういうときに必ず「自分を耕す一カ月プログラム」が組める人だけが本物の成功者になれる。

「今日は何をしようか」で始まる一日と、「今日はあれをやるぞ！」という目標指向で始める両者の人生の落差は、老化の人生と青年化の人生ぐらい違っている。そしてその場合の目標とは、目先の仕事のことを言うのではなく、ロングレンジでの人生設計を踏まえたうえで設定したものでなければならない。

〝今日の目標〟を生涯途切れさせてはならない。

4 〝無能〟にしてこの一筋につながる（芭蕉）

「いやいや、お若いですね。上半身三十五歳、下半身が三十歳とお考えになったら、よろしいんじゃありませんか」と、桂三枝さんから言われた人がいる。

なんと、六十五歳にして直木賞を受賞した古川薫さん（『漂白者のアリア』で受賞）である。その古川さんが語る。

「去年の暮れにハワイに行って、ホノルルマラソンを走ってみたんですよ」

走ったり歩いたりして八時間と九分……ということらしいが、それにしても若い。

その古川さんも、三十五歳のときに、もう作家になるのはやめよう、と思ったそうだ。自分には才能がない、と思い悩んだあげくだ。そして恩師に相談の手紙を書いたという。

そのとき返ってきたのが、松尾芭蕉の言葉で、「無能にしてこの一筋につながる」だった。

希望や夢を捨てたり見限ったりして、「世の中、なるようにしかならないさ」と、一人世間に斜に構えたときに、精神の老化は真っ先に襲い来る。心にシワが寄り始めるのだ。

今日これこれをやるぞ！　という目標のあることが、その日の生き甲斐につながる。

しかしそれだけでは、人生全体で見ると細切れの継ぎ足しになりかねない。それを一つの大目標へとつなげる役目を果たすのが、この芭蕉の言葉ではないか。一念というものの凄さであろう。

「無能にしてこの一筋につながる」

私などは、生まれてこのかた、こんな点で自分は有能だと自信に満ちて言えるようなものは、何一つない。むしろ、「こんなことも、俺は知らないのか」ということが、あきれるほど次から次へと出てくる。

まさに自分の無能さを痛感することの連続である。

ただ、だからこそ知らない知識や情報を求めたい、取り込みたいという欲求は、かなり強く激しいと思う。たとえば電車の中で「夏《か》下冬上《かとうじょう》」(炭火の種火は、夏は下に、冬は上に置け)という言葉を一つ覚えても、「一つだけ物知りになった」と、少なからざる満足感を覚えるほどである。

無能にして……と自分を納得させられる人は、周囲の人を尊敬の対象として見ることができる。だから周囲の人たちからも、進んで学ぼうとする。その、学ぼう、求めよう、自分もやってみよう、吸収しようという一念、つまり、「無能にしてこの一筋」が、実年齢より、ずっと若い生理的年齢を、もたらすのではあるまいか。

5　うかうか三十、きょろきょろ四十

「うかうか三十、きょろきょろ四十」

格言や箴言ではないが、古い文献には紹介されているから、昔から言い伝えられている言葉であろう。

ところで、二十代や三十代はじめの人たちにお尋ねしてみたい。

「五十歳以上の堂々たるオジサンやオバサンたちは、〝ああ、やっとこの年になった。この年になるのにずいぶん時間がかかった〟と思っているると思うか」

そういう人は、よほどの変わり者を除いていないはずだ。

そうではなく、「成人式を終わったのは、ほんのこの前と思っていたら……。時間の経つのはとにかく早い」という感じを抱く人が多いのである。

私の友人に、学生時代からのスポーツ青年で、テニス部長を務めていた男がいる。仮にTとしておくが、このTが、「いやあ、参ったよ。ボールがラケットに当たらないんだから」と苦笑していたが、こういうときに実感として、〝年は隠せないな〟と、何とも言えない人生のたそがれを感じるものである。

私事で恐縮だが、私は親しい人によく語る。

「退職金もない代わりに定年もないから、死ぬまで現役ですよ」

確かに、同級生などと飲みに出かけると、大体五歳以上若く見られる。調子に乗って書かせてもらえば、これは「死ぬまで続けられる仕事を持っているから」ではないか。私自身はそう思っている。

最近、私が書いた本の読者という青年から電話があった。

「あなたが紹介していた青梅市の、吉川英治記念館に行く途中です。念のために、もう一度場所を教えてほしい」

彼は貧乏のどん底暮らしの中から、勉強して、世界の「吉川英治」になった（米国では小説『宮本武蔵』が『MUSASHI』のタイトルで出版されている）。吉川英治さんが、貧苦のどん底から立ち上がる様子を本で紹介したところ、この青年は大変感動をしたという話であった。

このように、先人の体験から、何か生きるための武器をつかみ取ろうとして身体で行動する人は、何よりも時間を無意味にタレ流すことが惜しいに違いない。

こんな青年に、「うかうか三十、きょろきょろ四十」という人生はないはずだ。

「時は、すべてのものを貪《むさぼ》り食う」という教訓もあった。

6 〝何でも当たり前〟世代の致命的な落とし物

落語家でありながら、絶妙な司会者の役もこなす。かと思うと関西大学文学部で講義もするというマルチタレントの桂文珍さんが、自著にこんなことを書いている。

学生たちに、「生きている喜びを感じるのは、どんなときですか」と尋ねたところ、彼（彼女）らの回答は次のようだった。

「おいしいものを食べたとき」「風呂に入ったとき」「寝るとき」「空気のいい所を散歩するとき」

これを読んで、読者のあなたはどう感じるだろうか。もしかしたら、「何だこれは、まるで老人並みの回答じゃないか」と思う人がいるかもしれない。

そのとおり。文珍さんも書いている。

「花月（劇場）に来ているおじいちゃん、おばあちゃんに尋ねたわけではありません。もしもおじいちゃん、おばあちゃんに同じ質問をしたら、『ゲートボールで相手を打ち負かしたとき』とか、『ヨメの悪口を言っているとき』など、もう少しは積極的なお答えをいただけると思います。

大学生が並みの老人より老け込んでいるというのは、さすがにショックでした」

そりゃショックだろう。新人社員教育なんかで、こんな回答が出て来たら、「きみ、いったい何歳だ」と、私なら念押しする。

どうしてこんな若者が増えたのだろうか。きっと感動というものを感じたことがないからというのも、原因の一つではなかろうか。

たとえば私などは、小学生の頃は、米の弁当を食べても感動し、高校生の頃は、バナナ一本を食べても感動したものだ。めったに口に入れられる時代ではなかったからだ。

腕時計一つ買うにしても、六カ月の分割払いでやっと手に入れた。

安易に求めても欲しいものが手に入る時代ではなかったのだ。いまは違う。

安易に求め、容易に手に入る。ほしいものがどんどん与えられる。メモをしなくてもレコーダーのスイッチポンで録音可能。書くという単純な作業でさえ、省略化されるようになった。

どんどん満たされて当たり前。感動とか感激など感じる対象がない。そしてとうとう、青年時代の特権である〝若さ〟すら失って、しかもそれに気づかない。

安易な欲求と満足。それによって感動する心が麻痺し、若さが萎縮させられているのである。たった一度しかない若いライフステージにもったいない話だ。

7 〝針ほどの満足〟にごまかされていないか

〝小欲満足産業〟と言ってもいいようなサービス業が、私たちを取り囲んでいる。バーや居酒屋、パチンコに競馬。あるいはビデオショップに風俗産業。ゴルフに観光旅行、そしてマージャン。数え上げれば際限ないほど、私たちの小欲を満足させるような業態が、次から次へと出現する。

ビジネスマンに、「ストレス解消に何をやってますか」と聞くと、「一杯飲む」という答えが返ってくる。結構なことだと思う。私の一杯のやり方もそういう意味を含む。

ただ問題は、のべつ幕なしに飲むというのは、ストレス解消のためというより、単なる惰性であり、飲まずにおれないから飲むということになろう。これはもう小欲満足産業への売上げ貢献にほかならない。

さて、スキー好きな青年Y君は、毎年「シーズン到来が待ち遠しい」と言う。

このように、楽しみであるとか、あるいは趣味で生活のリズム転換を図るのは結構なことだが、ついつい目先の娯楽ばかりに流されていると、「あと十年経ったとき、自分はどんな人生を手にするべきか」というような、長期的な人生展望を忘れてしまいがちである。

ゼロからスタートして、立派な企業を育て上げた創業者の中には、一大決心で小欲を蹴った人が多い。

大手サッシメーカーT社の創業者は、「妻はもらったばかり。商売は順調。金は面白いほど転がり込んでくる。今日はあれを食べに行こう、今度はどこへ旅行しようという具合で、夢のように楽しい毎日でした」と、若いときのひとコマを語る。

しかしある日のこと、「こんな小成に甘んじていたら自分がダメになる」と思ったと言う。小欲満足をなげうったところに、今日の大成功があったわけだ。

ある住宅会社の社長は、「二十代に商売がうまくいき、毎晩遊んでましたね。しかし、このままではダメだと気づいたんです」と語る。いまこの会社は、新宿高層ビルに本社を置く上場企業に成長している。

小欲という楽しみや一時の娯楽に満足していると、つい大欲の目標を掲げることを忘れてしまうものである。もちろん大欲と貪欲とは違う。正大な欲ということだ。

「棒ほど願って針ほどかなう」とも言われる。願いが小欲では、人生をぐっと押し上げるほどのエネルギーは得られるはずがない。

持つべきは大欲、断つべきは小欲で満足する自己欺瞞である。

8 「面白かった、楽しかった」で済ませてしまうから先が開けない！

新入社員研修を指導すると、毎年毎年、意外なものをいろいろと発見したり感じたりすることが多い。

たとえば研修が終わり、レポートを書かせる。すると、ほんのわずかの〝役に立った〟とか〝ダメになった〟という感想を覆い隠すかのように、「面白かった」とか「楽しかった」という書き方をする者の何と多いことか。

だからこの反対に、「面白くなかった」とか、「楽しくなかった」というレポートも当然ある。

いつも思うことだが、研修、特に公開セミナーなどでは、その場だけで習ったことを完全に修得できるものではない。講師の指導というのはヒントであり、問題提起である。ひと晩野外に放置され、冷えきった車のエンジン。そこにキーを差し込んで、再びエンジンを始動させ温める。この始動パワーが研修でありセミナーだ。

その後は、もうドライバー自身の腕にかかってしまう。下手に操作をすれば、エンストで車は動かなくなる。

だから真剣に研修やセミナーから何かを得ようとするならば、「よし、この問題は自分で調べてみよう」とか、「この種の本を買って掘り下げてみよう」などと思うものだ。

そうなれば、「面白かった」とか、「楽しかった」とかいうレポートの文句は出て来ないはずだ。

もしかしたら、ただ大学に入りたいばかりに予備校で尻を叩かれ、布団にもぐり込むことにさえ喜びを感じる残滓《ざんし》が、尾を引いているのかもしれない。

どうも、若者の屈折したパワーの表われのように思う。屈折したと言えば、群れの中にいると元気が出るが、一人になるとしぼんでしまうのも、現代の若者に多いようだ。

「自分は何をやる」というよりも、「おい、これこれをやらないか」と、仲間と群れてやる習慣の延長で、個別に何かをやらせると、途端にしぼんで黙りこくってしまう若者も多い。

また唖然とすることに、「やる気を身につけるにはどうしたらいいか」ということをしばしば尋ねられる。

これなどは、人に尋ねる問題ではなく、自分自身と厳しく対決して得るべき答えのはずだ。このような自己認識不在の若者が多いのも、いままで何一つ自分の意志で行動してこなかったせいかもしれない。これらがごちゃ混ぜになって、レポートにさえ屈折したパワーが出てくるのだろう。若年寄りが増えるゆえんである。

9 あたら〝技だけの人〟で一生を終わる人

「その腕、年俸二千万円で売ってくれ」などと評価されるほどのワザ（特技）を身につけている人は、きっと自信満々たる人生を生きているに違いない。

ところが世間には、確かに見事な腕（技術）を持ってはいるが、それが収入につながらない、つまり人生の武器になっていない人が少なくない。そもそも心構えが違っているのだ。

かつて東京のある駅で、「困った話」が持ち上がった。駅前やホーム内に設置したゴミ箱に、みずみずしい生け花の材料と思える花材が、束のままゴソッと捨ててあったのである。

それも一回や二回ではない。毎週なのだ。

「枯れかかったものならまだしも、これなら十分使えそうな花束を、いったい誰がなぜ？」

駅員が注意をしていたら、何と若い女性が捨てている現場を発見した。彼女たちは華道を学ぶ生徒だった。教室がひけてから遊びに行くのに邪魔になるから、駅のゴミ箱を捨て場に利用していたのである。何人かが捨てれば、もうゴミ箱はいっぱいになってしまう。他の客がその上に捨てたゴミは箱の外にこぼれ、付近に散乱することになる。

こんな気持ちや態度では、いくら展覧会で高い得点を得るような生け花の技術を身につけても、それはあくまでも展覧会用の技術であって、実生活の中に〝暮らしのオアシス〟として取り込むことは不可能だろう。

茶道に言う、侘《わび》とか寂《さび》の精神をここで説くつもりはない。しかし遊ぶために駅のゴミ箱を利用して、一般客に迷惑をかけることに無頓着な人間に、華道の精神があるとは思えない。

だから、殺風景な職場に通っていても、一輪挿しでも飾ったら職場の一服の清涼剤になりはしないか、そう思って庭先の花を数本持って行く……などという気持ちは、起こらないに違いない。仲間同士では、「素晴らしい」と褒め合うかもしれないが、こういう人の生けた花には、とうてい心が通っているとは思えない。

生け花を例にとったが、これは人生万般、いろいろな技術や技能に通じるのではないか。建設現場で大災害が起き、多くの死傷者が出た。人災ではないかと調べてみると、「慣れ」からくるバカらしい不注意や手抜きが原因であることは多い。

私自身についても自戒しなければならないが、最も大事なことは、〝常に初心にかえる〟ということだ。初心とは、無知の自分を改めて自覚するわけだから、物事が素直に新鮮に見える。逆に慣れたつもりでいると、その目が曇る。

初心が、人生の武器を磨き続けるのである。

10 〝バカ〟になれない人が損をする！

人の好き嫌いが激しい人がいる。

誰とでも円満にやれる人がいいとは言わないが、あまりにこれが激しい人というのは、物事や人を自分の価値基準だけで、決めつけることが多い。

ここで、TさんとYさんのケースで考察してみよう。

Tさんは、「あいつとはウマが合わない」と思うと徹底して嫌う。だから嫌われたほうとしても、嫌われていることを感じないわけにはいかない。当然のように、両者の間には、目にこそ見えないものの、心理的な反目の火花が散っている。

さて、このTさんは、新しく着任した常務を〝イヤな奴〟と決めつけてしまった。常務だって面白いはずがない。ふつうならばOKの印を押す稟議書にさえ、「ここは書き直せ」などと、注文をつける。

十年ぶりでTさんと会う機会を持ったのだが、その老け込みようには激しいものがあった。とにかく十歳以上も老化して見える。もっとも、自分で苦労の種をまいているのだからしかたないが。

一方Yさんは、「私、○○課長のことが大嫌い」ということを平気で友達に話す人である。嫌いのほこ先は、何もこの課長だけに向けられるのではない。とにかく、誰々さんはいい人(Yさんにとって)だが、誰々さんはいや、と思うことがしょっちゅうだから、これまた嫌われた人とうまくいくはずはない。

その結果、せっかく新しい職場を得ても長続きしない。そして内心、「どうして私が勤める会社には、いやな人が多いんだろう」と思うのである。ワガママなのである。

Yさんには、人のいい点が見えず、自分にとって気に入らない点だけが目につく。自分に欠けている面を相手が長所として身につけているのに、それが見えないのである。

では、なぜTさんやYさんは人の好き嫌いが激しいかと言うと、自分がバカになれず、気位が高いからである。望みがいたずらに高すぎるのだ。はたから見ると、TさんやYさん自身も、それほどのハイレベルとは見えないのだが、本人は決してそう思っていない。

こんなふうでは、とにかく神経が参ってしまう。疲れ切ってしまう。だから若さというか、明るさとか目の輝きが失われていくのである。

本当に賢明な人というのは、バカになれる人なのである。そういうことをTさんやYさんが身にしみて体得したとき、そのときから二人の人生はぐっと開けてくるはずだ。

第八章
あなたの〝商品価値〟はいったいいくら？

1 金では買えない、ありがたい「手本」

人生に成功する人というのは、いたずらに他人の失敗を鼻先で笑ったりせずに、自分もいつどんな失敗をするかもしれない、一つ他人様の失敗に学ぼう、と思うものである。

アメリカのセールスマンたちの失敗談を集めた、面白い記録がある。

それらをここに並べてみよう。テーマは、「なぜ売れなかったか」である。

一、買い手が「ノー」と言うだろうと、一方的に予想したために、どれだけの注文を取り損なったことだろう。

二、自分はよく相手と議論した。そしていつも理屈で勝って、商売で負けていた。

三、自家（社）製品や自分の会社の手前ミソばかりをしゃべり立てて、どれだけ多くの買い手を逃したことだろう。

四、売ろう売ろうと焦って、長談義をしたため、何度も売り損なった。

五、いつも同じ商品を出し、いつも同じ話ばかりして、どれだけみんなから飽きられ逃げられたことか。

六、元手もかからないのに、愛想を出し惜しみして売り損なったことも何度あったことか。

七、競争品の悪口を並べ立てるのに、ずいぶん時間を浪費してしまった。
八、楽々と売り込めそうなところばかりを探して、本当の大得意先を逃しもした。
以上が「なぜ売れなかったか」という、アメリカのセールスマンたちの失敗の告白だが、この八項目に学んで、社員指導に生かしたのが、武藤山治である。

この人は、明治・大正・昭和を代表する実業家として、その足跡はいまも高く評価されている。彼は二十八歳で鐘が淵紡績会社の神戸支配人、そして後に社長となり、「大鐘紡王国」を築き上げた。

彼は営業面の指導に、この「なぜ売れなかったか」を反面教師にして生かしたという。たとえば、先の告白の第一項目を逆手に取って、「この客は必ず買うと信じてセールスせよ」と教えた。

それと同時に、押しの強さだけでなく、いつでも顧客の立場から見た行動をとれるよう、謙虚さや公私の別を厳しく指導した。

彼自身、衆議院議員になってからも、私用の旅には議員の無料パスは決して使わなかったそうだ。

はたして、いまこれだけのケジメをつける議員はいるだろうか。

2 歴史を変えた〝メガトン級〟のチャレンジ精神

明和八年（一七七一年）三月四日は、朝から雨だったと記録されている。いまから二百二十年ほど前のこと。

その前日、小浜《おばま》藩（福井県小浜市）江戸屋敷の杉田玄白あてに北町奉行の使いが来て、「明日、千住の小塚原で腑分《ふわ》け（解剖）があるが、お望みであれば参られたし」という内容の手紙を届けた。

さっそく同藩の中川淳庵と知人の前野良沢にも知らせ、翌日見学に出かけた。良沢は長崎で買い求めていた人体解剖書『ターヘル＝アナトミア』を携えて出かけた。

見学をして良沢らは驚いた。腑分けした内臓と『ターヘル＝アナトミア』の図が寸分違わぬものだったからだ。彼らは、「私たちは、人体構造も熟知せぬまま診察投薬を行なってきたが、これはたいへん恥ずべきだ」と反省し、「『ターヘル＝アナトミア』を翻訳しよう」と決心したという。このとき、良沢すでに四十九歳だった。

私は、この翻訳の苦労話を読んだことがあるが、何しろ、いまみたいなオランダ語を訳す辞典そのものがない時代。単語一つを訳すのに何時間もかかったものもあるという。

こうして寝食を忘れた四年の歳月を費やして、わが国最初の人体解剖の書『解体新書』を完成したのである。

前置きが長くなったが、五十歳を前にして、良沢と仲間たちの挑戦は、まさにメガトン級のチャレンジ精神と言ってもいいのではないか。

最近、駅のホームや車内で、立っているのがいやで、お尻をべたんと床や地面に下ろしている学生や若者をしばしば見かける。立っているのがいやなのか、それとも苦痛なのか。いずれにしても、「ついでに生きている」とか、「しかたがないから生きている」という感じが伝わるが、あの様子はいったい何なのか。

数年前、架線事故で新幹線が何時間も遅れるという体験をした。急いでいたため、東京駅を二時間遅れで出発する列車に飛び乗った。大阪までデッキに立ったままの移動だ。

ところが、二十代や三十代と思われる青年が、静岡あたりで、立っているのがつらいらしく、新聞を床に敷いたりして、べたべたと座るではないか。前述の様子と重なる状況だ。

若さの特権とは、チャレンジ精神ではないか。若いエネルギーに満ちあふれたチャレンジ人間は、地べたにべたんと座ったりはしないものである。ほかにやることがあるからだ。

あなたは、他人が地べたに座っているあいだに、どれだけ有益なことができるだろうか。

3 〃若さはバカさ〃と見くびっていると……

オムロンという会社をみなさんご存じだろう。中には社名変更前の立石電機時代から知っている、という人も多いと思う。このオムロンを、昭和八年に立石電機製作所として創業したのが、明治三十三年生まれの立石一真である。

この名経営者のことを、次のように語った人がいる。

「立石さんが経済同友会の代表幹事になられた際、三人の副代表幹事を置きたいと言って、大正生まれ二人、昭和生まれ一人という若い人を取り上げられたのです。それを見てオヤと思ったのが、立石さんに関心を持ち始めた最初なんです」

これは、ワコールの塚本幸一さんの言葉である。

塚本さんによれば、伝統を重んじる保守的な京都という地にありながら、若い人の意見を取り入れようとする新鮮さに魅かれたということらしい。要するに、長老の言うことを聞け、若い者が何を言うか、という空気を打ち破ったのが立石さんというわけだ。

いまふうに言えば、大正生まれの代表幹事が、昭和二ケタ生まれの人の意見も聞きたいというのと同じである。

この例とは逆に、「若いから」という理由だけで、若い人の意見に耳を傾けない人がいる。こういう人は、きっと精神的老化が早いのではないかと思う。

九州のある県で無料のロックコンサートが開かれ、たいへんな盛況ぶりだったという話を聞いた。なぜ無料かと言うと、「ロックなんて不良、こんなくだらんものはない」という、その地の大人たちの気持ちを切り換えてもらうために、有名プロたちが手弁当でコンサートを開いたというのである。

確かに、これでは〝古い考え方の大人〟が多いと言わざるをえない。

私が中学生、高校生の頃は、「映画を見るのは不良少年」というレッテルを貼られる時代だった。当時は世の中自体が古かったのだろう。

「おい飲みに行こう」と言って、自分の縄張りに若い部下を連れていく上役は多い。しかし、前述の切れ者部長は、「出納係は俺がやるから、たまにはきみの縄張りへ連れて行け」と言って出かけて行く。彼は「自分の縄張りですから、若い連中も生き生きして語るんですね。彼らのそういう異見が勉強になりますよ」と言う。

二十代、三十代という年齢に関係なく、自分より年下の者の意見にはなかなか素直に耳を傾けられないもの。あなたに、立石さんのような、あるいはこの切れ者部長的なところが、どのくらいあるだろうか。

4　あなたがいつまでたっても飛ばない理由

私は若い頃、陸上自衛隊で助教を務めたことがある。

そこでは約五十名の隊員を二人の助教で直接指導するという教育法をとっていた。教練項目の一つに銃剣術があるのだが、実は隊員の中には、ときおり助教より高い段位の者がまじっていることがあった。

私もあるとき、自分より上段の隊員を二人受け持つこととなった。約二十週間の教育期間、銃剣術のカリキュラムも五回や六回ではすまない。

助教の、「順番に突いてこい」という命令と同時に、一列縦隊に並んだ隊員たちが、次から次へと、「ヤーッ」と気合いもろとも突きかかってくるのだが、ただの一人として私を負かすことはできない。

これは不思議なことである。いったいなぜなのかを考えてみると、先入観と気合い負けの二つが、彼らが私に勝てない理由だと思った。この点を少し掘り下げてみよう。

一つは、隊員たちの間に「助教はみんな剛《ごう》の者らしい。銃剣術も俺たちがかなう相手じゃない」という噂が広がっており、それをすっかり信じ込んでいたこと。

二つ目は、私たち助教の気迫のこもった声（指示や命令の出し方）に対して、すっかり従属する気になってしまったこと。

この話を警察関係に勤めていた友人に話すと、彼は「捕まえた泥棒のほうが、警官より柔道で高段者だったという例は多いぞ。罪悪意識からくる萎縮感と、警官は柔道が強いという先入観から勝てないんじゃないか」と言う。

気合いとか気力というのは、人生にも通じるのではないかと思う。

たとえば風邪をひいて三十八度の熱が出たとする。しかし、「明日はA社に出かけて仕事。契約の実行だ」と自分に気合いをかけると、翌日はケロリ。

また、ホテルに入ったときには、三十九度近い熱があったのに、翌日はふつうどおり仕事をした。「明日は絶対に休めないんだ」と、自分に号令をかけて寝たからである。

ここ二十数年間、私は一度も風邪などで仕事を休んだことはない。これは気合いの成せる技だと思っている。

「俺はダメなんだ」などと思うようだったら、多分それはほとんどの場合ダメになるだろう。本人自身がダメだとあきらめているのだから。

人生は、気力・気合いさえあれば〝生き生き〟できるものだと思う。

5 大いに納得のいく〝実験〟

新宿医院長の新居裕久先生が、「ニンニク」のことを、ある新聞に書いていた。

新居先生は、NHKの産業科学部の協力を得て、次のような実験をしたという。ところは日本一のニンニク産地、青森県三戸《さんのへ》郡の田子《たっこ》町。

町の青年十人を被験者として、彼らを五名ずつのA・B二つのグループに分けた。

Aグループの青年たちには、実験日までの一週間、毎日ニンニクを混ぜた料理を食べてもらった。そのニンニクも、特に大量にというのではなく、味をよくする程度のふつうの量、ふつうの用い方だったという。

一方Bグループは、ニンニクなしの料理。

さて、こうした食生活の後で、鉄棒にどれだけの時間ぶら下がっていられるかというテストをやった。その結果は、開始二分間で歴然とした差が出たそうである。

まずBグループの五人は、二分までに全員落ちた。

ところがAグループの五人は、全員が二分三十秒以上も長くぶら下がっていたという。正確には、一人平均で三十八秒も長かったそうだ。

私は医者でも栄養学者でもないので、ニンニクを食べなさいなどと、軽はずみにお勧めできない。ただ、「大いに効き目あり」とは自覚している。

私はある医薬品を十年前から愛用しているが、これの原料がニンニクである。「匂いはしない」というメーカーの言うとおり、口臭には出てこない。

これにもたれきってしまうようなことは絶対しないが、自分なりに判断して、ヘルスケアの一環として服用し続けている。

ちなみに、私は月に二、三回は徹夜に近い仕事をする。睡眠は平均五時間ほど。一年に二百泊ほどはホテルで、年中各地を動き回っている。経営コンサルタント業は出張業だと、いやでも自覚する始末。

しかし二十数年間、ただの一回も休んだことはない。

ある会社の社長から、「あんたは化け物だ」と言われたことがあるが、これは日頃から常用しているニンニクの薬のせいもあるのだろうと思っている。それほど年齢のわりには、健康と活力を実感している。

薬品にもたれることは愚と思うが、体力的に苦しいときなどには、頼もしい助太刀を上手に活用するのも必要だと思う。

6 現代版〝不老長寿〟の秘法

「不老長寿の法十カ条」を書いた人がいる。さっそく紹介してみよう。

一、自分で自分が年を取ったと思わないこと。自分で自分を年寄りにしたらおしまい。
二、気を若く持てば、身体はおのずから若やいでくる。病気も気から。
三、前途に希望をかけ、楽しみを持ち、何十年もまだ生きる計画を立てよ。
四、過去は過去として葬らしめよ。つまらぬことを思い出して悔やむな。
五、何事にも腹を立てるな。笑って暮らせ。
六、すべての思慮を精密にすべし。頭を使うことは老いの最大の予防となる。
七、常に新鮮な外気を大量に吸え。
八、金銭の計算を忘れないのはいいが、あまりこれにとらわれすぎるな。
九、食べ物はできるだけ淡泊に、そしてその量をなるべく節せよ。
十、何か打ち込める娯楽（趣味）を持て。

この言葉は、英国で広く国民の人気を得たフーカーという医師が、よく患者に語ったものである。彼は広く人生全般についても名指南役になり、人々の信望を集めた。

これに似たことはいろいろな人が言っているが、「酒は諸悪の源だから飲むな」などと、聖人か神様にしかできないようなことを、フーカーは言っていない。そこがいい。

読者の中には、「みんな当たり前のことじゃないか？」と思う人もいるだろう。しかし、その当たり前のことがきちんとできる人が、何％いるだろうか。

たとえば、「過去を葬らしめよ」とあるが、もちろんこれは、「考えてもどうしようもないことを、あれこれ悔い悩むのはやめなさい」ということだ。

ところが世間には、話すことの半分以上が過去形という人がいる。しかも、どうしても好転するはずのない、過去の失敗や悩み事を、悶々として抱え込んでいる。

「では、これから自分は何をやればいいのか」という未来へのアクションプログラムを考え、試行錯誤しながら、それをぐんぐん実践することが、はるかに自分の人生を前向きに開拓できるはずだ。

「私は、中学しか出てないから」と、必要以上にコンプレックスにしばられている人もいれば、前述のように集団就職の中卒生で東大の博士号を得た人もいる。美容院をチェーン化して年商百億円を超えた中卒生もいる。

彼らは多くの無駄な過去を忘れ、豊かな未来に挑んだのである。

7 あなたの〝商品価値〟はいったいいくら？

すでに五十歳を超えているはずの女優のSさんは、とても四十歳にも見えないくらいの若さを発散している。新幹線で隣同士で旅する幸運に恵まれたから、よくよく拝見してそう思った。

男性にも同様の例は多い。

たとえば、テナー歌手のKさんが上野の不忍池に舟を浮かべて、澄んだ声を高らかに空に放っていたのを見たことがあるが、とても八十数歳とは思えなかった。外見も生き方も、そして張りとツヤのある声も。

私がいつも思うのは、「なぜこういう人たちは、こんなに若さにあふれているのだろうか？」ということだった。

そして、私なりの一つの結論を得た。それはこういう人たちが、「自分自身が商品だ」という自覚を骨の髄までしみ込ませているからだと思う。

一芸に秀でた、いや二芸、三芸にまで才能のひらめきを及ぼす方たちと肩を並べる気はないが、私も自分自身を商品だと思って、この二十年を過ごしてきた。

自分に対してこういった自覚をすることによって、ふつうには、「そんなことできるわけがない」と思うようなことでもできるようになる。

たとえば、ある女優は、ロケなどで暑い中で撮影しても、「身体に汗をかいても、顔にはかきません」と語っていた。こういうことができるのも、まさに自分自身の商品としての価値を自覚しているからではなかろうか。

一方私たちの多くは、自分自身を商品として自覚していない。商品と言うと、仕入れた販売用商品のこと、もしくはつくり出した製品のことを思い出す人が圧倒的に多い。

そして、そういう商品の延命戦略の仕事や新商品の開発、販売に夢中になることはあっても、自分自身を商品として認め、〝もっと開発して売り出そう〟と考える人は、ほとんど皆無である。

定年なり定年を身近に感じるようになって初めて、「私から会社を取り上げたら、何が残り、何を生き甲斐に余生を送るんだろう」と、自分の商品価値の、あまりの価値の低さに、胃が痛くなる人もいる。

商品とは、売れてこそ価値がある。売れるとは買い手がつくこと。買い手は、商品の性能や品質に対して金を払う。あなたという商品の性能や品質は、どの程度の価値だろうか。

8 〝口耳講説〟型の人は老化が早い

〝口耳講説〟。「こうじこうせつ」と読む。

口と耳の間は十センチほどしか離れていないところから、聞いたことをろくに咀嚼《そしゃく》もせずに、さも物知り顔で吹聴することを言う。

聞いて学ぶことは、自分の見識を広げる第一の方法だ。だから耳学問という言葉もあるが、ただそれだけでは、やはりカバーしきれない部分がある。

この口耳講説型の人に見られる特徴は、第一に、とにかく人にしゃべらずにはいられない。黙って人の話を聞くのが苦手だ。第二に、ただしゃべるというのではなく人から物知りだと思われたい。第三の特徴として、ページをめくりながら活字を追うという読書が、何としても面倒くさくてたまらない、要するに読み書きはキライというのがある。

となると、ますます口耳講説にならざるをえない。しかも、こういう人にかぎって自分が口耳講説タイプであるという自覚は微塵もないものだ。

このタイプには、人より多くストレスを感じる者が多い。なぜならば、世間には「なるほど」と自分の話に耳を傾けてくれる人ばかりではないからだ。中には、ずばりとミスを指摘する人もいる。そのたびに、ひやひやしどおしだ。しかし、かといって口耳講説の癖が直るわけではない。

私の知人にも、そういう人がいる。どこで仕入れたネタかわからないが、「努力という文字は、女の又に力ありと書く。女がお産する苦しみからできた文字だ」などと、本気になって一席ぶつのである。

あるときなど、「アメリカの首都がワシントンだと知っている人は多いが、シアトルもここにあると知っている人は少ない」と話すのである。十人ほどして飲んでいる最中だったのだが、その中の一人から、「同じワシントンでも、シアトルのあるワシントン州は西海岸、ホワイトハウスがあるのはワシントンD．C．で東海岸だから、場所としてはまるっきり別なんじゃないの？」と指摘され、「いや、そう思っている人もいるという話で……」としどろもどろしていた。

そんなドジを踏みながらでも、まだ目立ちたい。しかし耳学問だけでは、どうにも不十分。それがストレスになって心のゆとりを奪っていく、という図式である。

自ら勉強して得た情報を武器に、自信を持って世の中を渡らないと、やがて自分自身のプライドやプレッシャーに押しつぶされてしまうことになる。

9 日本のビル・ゲイツを育て上げた「黄金の耳」

最近の、ある新聞記事の一部を紹介しよう。

「今からちょうど二十年前、東京・新宿の高層ビルにあるマクドナルド本社の社長室で、藤田社長は、佐賀県から上京した十六歳の高校生と面談していた。受付で断られても六日連続で押しかけ、七日目の訪問に、藤田も音を上げたのだ。

藤田の本の愛読者という高校生は進路で迷っていた。

『ぼくは高校を辞めて米国に留学するつもりですが、何を勉強したらいいと思いますか。ご意見を聞かせてください』

『そりゃ、コンピュータや。小型化して……』

藤田社長の意見に真剣に耳を傾けた高校生は、やがて米国へ旅立った。

その名は孫正義。それからはや二十年。いまや日本のビル・ゲイツとも呼ばれる、ソフトバンクの創業社長である。彼の個人資産は、すでに二千億円を超えると言われる」

周囲に耳を傾けることは、人生に成功する秘訣でもある。

外国の格言にもある。

「人間には、なぜ口が一つなのに、耳は二つついているか。それはしゃべることの倍、人の話を聞くためだ」

ありふれたことかもしれないが、これがなかなか難しい。人間には、進言拒否とも言うべき、ほとんど本能的な自己防御の性質がある。特に目下の者や部下からの意見や進言には、「なんだ、ろくに物事も知らないくせに」という気持ちも手伝って、素直に耳を傾けられないものだ。

ところが、本物の成功者、もしくは将来さらに成長する素質を秘めた人物は、みなこの「聞く耳」を持っている。人はある程度の自信がつくと、「自分のやり方が絶対だ」と思い込み、他人の意見が聞こえなくなる。すると、日々変化する世の中に対応できないまま、前回成功したときと同じ方法を繰り返し、失敗することとなる。しかし〝本物〟は、このような落とし穴には決してはまらない。

本田技研の副社長を務めた西田通弘さんは、本田宗一郎さんのことをこう語っている。

「本田さんは、『日々新たなり』と繰り返し言っていた。それでもやはり、つい耳を閉ざして自分勝手に走ろうとするときがある。そういうとき私たちが止めに入ると、『うん？　そうかな』と立ち止まり、必ず戻って来てくれた」

道を開く人は、やはり違う。

10 〃いつも忙しい人間〃とだけつき合え

ここで言う〃いつも忙しい人間〃とは、忙しがっている人とは違うので、まずそれを確認しておきたい。

並の人間の二倍三倍という成果を出しながらも、外見的には、むしろゆとりさえ感じさせる人。そういう人こそ〃いつも忙しい人間〃である。

このタイプの人の持つ特性というのは、四つ挙げることができる。

一、仕事の優先順位を、きちんと心得ている人が多い。

二、ムダ（成果に結びつかない動きや金）は何かを心得ており、一切のムダを省く動きをしている。

三、同時に二つ三つのことを並行させて処理する、「同時並行処理」の能力に優れている。

四、動きが合理的であり、効率的である。

まず第一の、優先順位（プライオリティ）ということだが、ヒマな人ほど、後でいいことを思いつきでやるかと思えば、先にやるべきことを忘れていることが多い。

第二のムダの例としては、電話による業務連絡がある。たとえば、商品の発注をしたいが相手は留守。そんなとき、「では、また電話します」と言ってしまう。「Aさんがお戻りになりましたら、恐縮ですがお電話をくださるように……。私はSと申します」と言い残せば済む問題なのだが（ただし、目上の人や得意先にはこの方法はタブー）。

第三の「同時並行処理」の能力だが、たとえば家事上手な女性というのは一方のコンロでパスタをゆでながら、別のコンロではスープの下ごしらえをするものである。

仕事の場合なら、文書を起案しながら次の作業を頭に入れ、コピーをとるのであれば、一、二分前にコピー機のスイッチを入れておく。

家事がヘタ、仕事がヘタな人にかぎって、一時に一つのことしかできないものだ。

さて第四の例だが、受話器を取る場合、家庭であろうと職場であろうと、「はい、〇〇でございます」と言えば、相手は「〇〇さん（社）ですか」と確認しなくて済む。この「確認しなくて済む」という手間省きが、あらゆる動きに見られる人は、大体、合理的精神の持ち主で仕事もできる人である。

だから、「はい、モシモシ」などという受話器の取り方は、将来性ゼロの人のやること、というのは酷だが、それに近いと私は思う。

「いつも忙しい人」の多くには、以上の四つの特性がある。彼らと進んでつき合いを持つと同時に、「なぜこの人の頭は切れるのか」という目で観察することをお勧めしたい。

第九章

奇跡を起こす二つのエネルギー

1 〝直線思考〟しかできない人のもろさ

「外国で何年間か暮らしたことのある人には、考え方に幅というか、ゆとりのある人が多い。〝ただこの道一筋〟という生き方をした人に、一事固執型というか、考え方に幅のない人が多い」

こういう意見を言う人は多い。私もそのとおりだと思う。

たとえば、二代目とか三代目の経営者の場合でも、「他人の釜のめしも食べなさい」と先代から言われて、赤の他人の中でもまれた人や、人から使われる立場を経験した人は、一般に社員の立場にも理解力が幅広く及ぶ。

あるいは、二十代とか三十代に、人事異動を何回も経験して、どちらかと言えば畑違いの分野をいくつか経験した人もまた、考え方に幅がある人が多い。

私も、この仕事を二十年以上も続けて、つくづく思うことは、営業もやれば経理もやった、建設業界の仕事もすれば流通業界に身を置いたこともある。「そういう経験をしてよかった」ということである。

たとえば経理というのは、貸借対照表の左右の勘定が一円狂っても精査をきちんと合うまでやる。いわば重箱の隅をつつくような作業である。

ところが営業には、ソロバン六分にハラ四分みたいところがあって、いわゆる腹芸が要求される。つまり、もともとファジー（曖昧さ）的なものが伴う。

こう考えてみると、経理と営業の仕事には、両極に位置するような考え方の開きがある。その結果、いまでは「実にいい経験をしたものだ」とつくづく思うのである。

一度こんなことがあった。

ある会社から、私の著書を何十冊か送ってくれと電話があった。知った会社でもあり、また本で利益を得ようとは考えないから、著者購入価格に送料だけを加えて送った。

ところが代金支払いがあまりに遅いことから、その会社の経理に問い合わせをすると、「うちは、○日締めの○日払いの決まりになっているから……」という返事。この返事が常識的に見ておかしいことに気づかないのが、経理マンの発想の硬直性をよく表わしている。「相手に利益はない。ふつうの営業取引ではないからすぐに代金を払うべきだ」と考えなくてはならないのに、考え方が一直線で幅がないからこうなるのである。

二十代とか三十代には、願ってでもあの仕事、この仕事というように、多くの異分野を経験したほうがいい。何事も頭でわかっているつもりと、やってみて初めてわかることには、大きなギャップがあるものだ。

2 この二つのエネルギーの〝かみ合わせ〟が奇跡を起こす

その棚には、持ち帰り自由の小冊子がいろいろと揃えてある。『経営分析のやり方』『不動産の税金がわかる本』『賢い求人広告のやり方』『入門セールスマン』『QC活動の進め方』……という具合に実務的に編集され、コンパクトに製本されている。

ところでこの棚は、ある銀行のセミナー会場の一角にある。約八十名ほどの人がそこを利用している。彼らは、私が講師を務めるセミナーに参加している人たちだ。

そこで私は驚くのだが、十五分ほどみんなを見ていても、その間誰一人として小冊子を手に取る人がいない。金がいるわけでもない。特別な手間がいるわけでもない。必要なのは、〝学ぶ意欲〟だけなのだが。こんな気持ちでは、何十回セミナーに参加しても自分の血肉として取り込めるものはゼロに近い。

〝学ぶ意欲〟というのは、それ相応のエネルギーを要するものだ。「何から学ぶか」の「何」に相当するものを発見しようというエネルギーだ。そして、発見した人・物・知識・情報・状況などを自分に取り込もうとするエネルギー。これらが相乗的なパワーとなれば、「いい小冊子がある。しかもタダ。ありがたい」という気持ちになるものだ。そして、いわゆる人生の〝奇跡〟はここから生まれるのだ。

学ぶことはエネルギーと書いたが、こんな事実をあなたはどう感じるだろうか。

冬の冷え込む夜も更けた真夜中近く、妻が二階の私の書斎にやって来る。先に休むが何かやっておく用はないかと聞きに来たのだ。

そんなとき、「まあ!」と言って以前は驚いていた。というのは、私が薄い肌着のシャツ一枚だけだからである。

実は、仕事（主に執筆）に熱が入り、上り調子に乗ると汗をかくくらい暑く感じるようになる。身体を動かすわけではないのに、汗をかくからシャツ一枚になるのである。

この経験をしてみて初めて、「だから棋士が対局するとき、薄着でも寒くないんだな」ということがわかったのである。エネルギーとは凄いものだと思う。

セミナーに参加せよという外圧エネルギーに支配されると、タダで手に入る小冊子にさえ気も向かず手も伸びない。

外圧を取り込んで内圧を高めようということは先に書いたが、内圧エネルギーに転化できないと、外圧はタレ流しになる。

エネルギーをつねに燃焼させ、いつでもどこでも学ぼうという姿勢を持ちたいものだ。

3 だから、何にもわかっちゃいないのだ!

何泊かの合宿セミナーを行なうと、よく次のような意見に出会う。

「知識不足を痛感しました。これからは、もっと多くのセミナーに出て勉強します」

「これからは、もっといろいろなセミナーに出るようにします」

書き方はまちまちだが、これは修了レポートである。勉強とはセミナーに出ること、というように単一的な考え方を持っている人が多いことに驚く。

私は、これはおかしな発想、かたよった考え方だと思う。セミナーに参加するのも、勉強ではあるが、それはあくまでも勉強の一つの方法であって、唯一の方法ではない。

私なりの分析だが、こうしたセミナー偏向型の人の多くは、もともと勉強嫌いだ。たとえば読書と聞いただけでジンマシンが出るほどなのである。

第一、先のセミナーも、上司の指示でいやいや参加したのではなかったか。そうしたら何か感じるところがあって、思いつきみたいに、セミナーで勉強すると言い始めたのである。

これはとんでもない勘違いである。

たとえば本を書く場合、先にきちんと勉強(インプット)しておかなければ、なかなか言葉も出て来ない（アウトプット不可）。

ところが、本の題材や中身として取り入れるものは、旅の途中で見たこと聞いたこと、新幹線や飛行機に備えつけの雑誌で見たこと、出張先で見た地方紙の投書欄であったりする。いろいろなものが教材になるのだ。

同じ新聞でも、うっかりすると見落としそうな小さなコラムだったり、飲み屋で聞いたサラリーマン同士の話からヒントを得ることもある。

吉川英治は、「我以外皆我師」という言葉を好んで色紙に書いた。この言葉どおり〝学ぶ気〟があれば、セミナーなど学ぶ手段のカケラみたいなものであって、学ぶ素材や教材は身の回りに山ほどある。

たとえば、カバンを扱うビジネスに携わる人が、本気で学ぶ気ならば、ふだんの行動の中でさりげなく、「人は、どんなカバンを持っているか」と思って、注意深く人々を観察するはずである。通勤電車でも出張の途中でもそうだ。

本気でないから、「セミナーへ出て……」と言う。そういう人に限って、ふだんの行動の中で学び取ろうとする行動はカケラも出て来ないのである。

私たちの身辺はみな教材なのである。それを教材として取り込むか否かは、自分を伸ばそうとする真剣さと考え方しだいである。

4 本は金出して読め、汚して読め

「金出して読め」はいいとしても、「汚して読め」という言葉には、疑問を感じる方もいるだろう。これから詳しく意見を述べることにする。

「この本を会社で買って読ませろ」という経営トップのツルの一声で、ビジネス書を社員に配る会社がある。ところが、この親心が結実しないことが多い。つまり、社員たちの多くは眺める程度で読まないのである。

なぜ読まないのか。いや、なぜ真剣に本から学び取ろうとしないのか。私の判断では、「本代に自腹を切らない」からだと思う。本がタダだからだ。

金を出すからこそ、「出しっ放しはイヤだ」と考えるのがふつうだ。「何とか元だけは取るぞ」と思うものだ。

ところが本はタダ、自分の腹は一円も痛まない。しかも、自分が読みたいと思って選び出した本でもない。これでは、せいぜい眺める程度で読むわけがない。

若い頃の私は、会社出入りの書店から書籍を購入していたが、代金は経理課で給料から差し引いてもらっていた。ツケで買うわけだから、つい買いすぎるくらい買っていた。

「開封してない給料袋をもらったことがない」と、何度となく妻から言われたが、いまは給料から源泉控除して本を買った投資の配当を受け取っていると思っている。

ところで本の読み方だが、アンダーラインも引かなければ、余白にメモをすることもなく、実にきれいに読もうとする人が少なくない。こういう読み方をする人の多くは、要点をつかめず、見落としが多く、あげくの果てには仕事につながらないことが多い。

私の場合は、「いいことが書いてある」と思うところは、どんどんラインを引く。いまは蛍光ペンという便利至極なものがある。「おや、ここは自分が行き詰まっている○○の仕事の解決に使えそうだ」と思うと、その近辺の余白にメモもしておく。

こうやってひと通り読んだ本は、出張のとき持って出かける。そして読み返す。すると、大事なところでラインを引いていない部分も再発見する。こうやって、今度は肝心かなめのラインを引いたりメモしたページだけを破り取り、残りは捨てる。私にとって、捨てるページは活字ではあっても、有用な知識や情報ではないからだ。

つまり、ラインを引いたりメモするためには、「本は買って所有物にしておかなくてはならない」のである。

だから、「本は金出して読め、汚して読め」ということになる。そして、そういう行動に勇気と投資を惜しまぬ人が、転ばぬ先の杖、いや転ばぬ先の知恵を身につけるのである。

5 「疑問」も持てずに「自分」が持てるか！

光ファイバーの発明者であり、東北大学総長も務める西沢潤一教授は、「問題意識の意味は、私流に言えば、すべての事象をまず疑い、裏をとり、確認をすることだと思う。ひと口で言えば懐疑主義のすすめです」という意味のことを書いている。

本を読んでも人の噂を聞いても、週刊誌の記事を読んでも友達の話を聞いても、ほとんどそのまま鵜呑みにする人がいるが、これがいちばんいけない。

これに私なりに説明を加えれば、懐疑主義というのは、次のようなことだと思う。

まず本（ビジネス書）の読み方。これは、〝読みながら仕事を考える〟ことだ。

いくら本を読んでも、そのことが仕事に結びつかないまま、「読んだだけ」の人も少なくない。こういう人のことを、えらく単刀直入に〝物知りバカ〟と言った大学教授もいたが、とにかく教訓抽出能力の伴わない読者は、遊びの読書と言えなくもない。

次は書き方。これは、記憶に頼らず記録することを億劫がらないこと。要するにメモすることをくせにするくらいがいい。

私の場合は、お世辞にも記憶力がいいとは言えないので、「ああ、いいことを聞いた」とか、「これだ!」と気づくと、とにかくメモをする。そこが空港レストランで、たまたま用紙がなければ、箸を包んだ紙にメモをすることすらある。

第三には、考えるということ。言い換えれば、つねにテーマを持っておくこと。

これは前にも書いた口耳講説にならないこと。つまり、読んだり聞いたりしたことを、自分の思考回路に流して、「なぜだろうか」とか、「それが何に、どんな影響を与えるんだろうか」というように、自分のものとして考えること。

円高が急速に進み始め、一八〇円から一五〇円へ、さらに一四〇円、一三〇円となった頃。ある人は、「円は一六〇円くらいが適正水準だし、春まではそれくらいに戻すでしょう」ということを私に語った。

私はおかしくてしかたなかった。国際的論客で知られるO氏の本のそっくりコピーだったのだ。自分の思考回路を通らないと、情報取り次ぎ屋になるものだ。これでは、これからの時代に最も求められる創造性を期待することは夢のまた夢である。

懐疑主義とは、自分の脳みそを出動させ、自らの知的消化液を混ぜ込んで、あらゆる事象を分析することではあるまいか。

そのためには、仕事と連携する読み方、記憶に頼らず記録をすること。そして、自分なりの思考回路を働かせることである。

6　ヘタに気を利かせると、とんでもないことに……

ある会社が、さほど大型ではないが、超高級ホテルをオープンした。従来のホテルサービスをゼロベースにして、新しいサービスを提供しようと張り切った。

「お泊まりいただいたお客様に、そのつど礼状を出そう」というのもその一つだ。

ところがある客の家で、とんでもない騒動が持ち上がったのである。

というのは、届いた礼状を見た奥さんが、「この日は主人は○○に泊まっていたはずなのに、どうして△△ホテルなの？　さては……」ということになったのである。

実はこの客は、妻ではない女性を同伴しての隠密のお泊まりだったのである。

「やってみなきゃわからんことが、世の中には山ほどあるんですねえ」と、ホテル関係者の一人が語ったものである。

さて今度は、別な話。

ある会社で、道路舗装工事用の耐熱安全靴（アスファルトの熱が、靴内部に伝わりにくい）のパンフレット類を、ＤＭで施工会社に送ることになった。内部から「工事も機械化されているのだから、もう、こういう靴はお呼びじゃないよ」との意見も出てきたが、とにかく試してみることにした。

ところが予想以上の反響があり、それに気をよくしているところへ、直接電話をかけてきた施工会社の社長が、こう語った。

「いくら機械化しましてもね、田植えと同じで隅っこなど結局は手でやるんですよ。だから低温やけどをしない、こういう靴が欲しかったんです」

以上二つの例を紹介してみた。

ホテルサービスにしろ、新商品を売るにしても、頭で考えて、多分こうだろうと用意していた答えと、実際にやってみた結果は、まるで違うこともあるのだ。

そういう意味で、「行動こそ実学」と言える。とにかくガタガタ理屈を並べるよりも、やってみることが勉強だ。たとえ一つ失敗したとしても、二つ成功すれば一歩前進だ。あるいは最初の失敗を教訓にして、二回め三回めで成功に近づいていけばいい。

世の中は日進月歩ならぬ秒進分歩的な変化をしているのに、口であれこれ気の利いたことを言いながら、やっていることは、三年前、五年前と同じという人も少なくない。「十年一日のごとくしか仕事ができない人間がいて困りますわ」という嘆きをよく聞くが、それはこういう人を指しているのである。十の理屈を並べたてるより、「まず行動を起こす」こと。それこそ実学的勉強と言えるのである。

7 過去にしがみつくから〝重荷〟になる

ある日、こんな新聞記事を見つけた。

「今年四十歳の友人が久しぶりに実家に帰ったら、古くから近所に住むおばあさんから、『まあ、〇〇さんの〝坊ちゃん〟立派になって』と言われ、『おれはまだ坊ちゃんか』と一瞬、唖然としたそうだ。（中略）

われわれはこのお年寄りを笑えない。変化の速い社会では、こうした感覚のズレは日常茶飯事だからだ。いつまでも同じイメージを保とうとするのは変化についていけないからだ」

そう言えば、私もいまさら「〇〇ちゃん」と呼ばれる年ではないのだが、田舎へ帰ると、私の幼少時代を知るお年寄りから「道ちゃん」と呼ばれて、何とも不思議な気持ちに襲われる。

ところが、田舎の第一次産業の山畑だけの地域に住むならいざしらず、スーパーで買い物をして、たまには家族でレストランに出かける平均的サラリーマン家庭の一員でありながら、むかし相手に持ったイメージを捨てられない人もいる。捨てられないどころか、がんじがらめになっているようでもある。これは、先の新聞記事のとおり、「変化についていけないから」ではあるまいか。

私も気をつけているのだが、「先生、彼は十五年前に先生から新入社員教育を受けた○○君ですよ」などと、かつての教え子を紹介されるときがある。

名刺をもらって、すでに課長になっているならば、彼は○○課長と呼ばれる日常であるはず。もはや○○君と呼ばれることはない。それならということで私も、「すっかり貫禄がついて、立派な○○課長ですね」などと呼ぶことにしている。

大番頭格の叩き上げ幹部が、長い間仕えた先代社長の息子が成長して社長に就任したとき、その社長に対して「あの子は、ほんのこの間まで小便小僧だったんだ」というイメージを捨て切れず、ずばり首を切られた例もある。

陰で、「社長をおんぶしたこともあるんだ」などと噂している元大番頭に立腹したのではなく、変化への適応力のなさと、いまさらその種の能力を身につけることの不可能さに対して社長が決断しただけのこと。未来を語ることなく、いつも過去形の話に終始するのは、変化のスピードに追いつけない人である。

変化に適応するには、相応の勉強や情報の収集が欠かせない。これが疲れるからできない、というのでは、変化への適応力欠乏症と言えるだろう。西暦二〇〇〇年、新しい時代は、もう目の前なのだ。

8 〝主語抜き〟の話しかできず恥ずかしくないか

広く世間に名の知れた人、あるいは顔の売れている人を引き合いに出して、「誰々さんと食事をしてね……」とか、「誰それと一緒にゴルフをしたけど、案外うまいよ」とか、その有名人と自分がいかに親しいかを吹聴する人がいる。

ところは変わって、南北戦争当時のアメリカの話。実戦経験のある軍人が乏しい北軍には、自分を売り込みにくる者がたくさんいたそうだ。ドイツのある伯爵もその一人という。

その伯爵は自分の実戦経験の乏しさを補うために、祖先の経歴や軍功を述べ、三百年前の何々の戦いでは自分の祖先はしかじかの勲功を立てたなど、それはそれは、次々と祖先の手柄話を語った。

自分の親類には伯爵や公爵が多く、有名な軍人としてはこういう者もいるなど、自分のことよりも家柄や祖先のことをしきりに述べたうえで、採用を乞うたそうだ。

さて、じっくりと聞いていた時の大統領リンカーンが言った。

「あなたが貴族であろうと、また祖先がどんな手柄を立てようと、あなたの採用とは何の関係もありません」

この伯爵はついに採用されなかったそうだが、この伯爵のようなタイプを〝自分というものがない人〟と言える。

現代、身近な範囲で見ても、この伯爵タイプは少なくない。

有名な芸能人の名を出して、「誰々は、○○の曲でヒットするまでは○○プロにいたんだ。そのプロダクションの社長が、ぼくの友人と親しくてね。一緒に飲んだとき言ってたけど、あの曲がヒットしなきゃ引退を覚悟させられていたんだってさ。いまでこそ、大御所なんて呼ばれてるけど……」などとしゃべる。

実は一緒に飲んだと言っても、十人ほど集まった末席に座り、俳優とやらとは口をきいたこともなく、ましてやプロダクションの社長とは、すれ違った程度。

これが酒でも入ると、話はさらに膨らんで有名人が十年来の知己になったりする。

このタイプもまた、〝自分というものがない人〟なのである。

だからこういう人と話をすると、「私は」という一人称はほとんどない。信念を持って自己を主張するものがないのである。自分の生命膨らむ息を吹きかけて、哲学をもって語るものがないのである。

そういう人にだけは絶対になってはならない。人生がとめどなく堕落する。自分を正しく主張してこそ、人生は花である。

9 いつも何かに〝溺れている〟人へ

しょっちゅう溺れている人がいる。と言っても水に溺れるのではなく、ほかのものに溺れて先が見えなくなっているのである。たとえば酒。次のような溺れ方をする人は少なくない。

一、「今夜は飲むまい」と思っていても、夜になると飲まずにいられない。
二、「少なくとも週一の酒なしデーをつくろう」と思ってはいるが、実際には毎日飲む。
三、休日には、朝から飲酒することがほとんどである。
四、「酒を控えたほうがいい」と指摘されたが、酒を控えねばならない理由（自覚症状）が特にないせいか、よくないと知りつつ飲酒を続けている。
五、寝る前に酒を飲まないと寝つけないことが多い。
六、飲んで多少とも酔いが回ると、愚痴っぽい話や人を批判する話をしやすい。
七、昼間面白くないことがあると、すぐに酒でまぎらそうとする。

例として七項目挙げてみた。これらのうち三項目以上について思い当たる人というのは、人生レベルの目標がボケているのではあるまいか。もしかしたら、全く目標を持っていないのかもしれない。

あるいは、「いや、以前はでっかい目標を持っていたよ。でも、この年になれば、もう勝負はついたよ。先は見えたんだよ」と、勝負を投げた人かもしれない。

人生レベルの目標というからには、それを達成するにはそれ相応のエネルギーがいるはずである。たとえばこんな例がある。

後に〝打撃の神様〟と言われた川上哲治さんは、若い頃は下宿先の大家さんの嫌われ青年だったという。というのは、日常のすべてを野球に結びつけて生活していたからだ。暇さえあれば部屋でバットの素振りをやったために、畳がすぐにすり減ってボロボロになった。

〝打撃で日本一〟を目標に掲げるや対戦投手との勝負を標的にすると、酒だけではなく、賭け事にせよ女にせよ、それ以外のことにも溺れるわけにはいかないのだ。また、ふらふらして脇道に色目を使う気も起きないし、そんな暇もありはしない。

川上さんが結婚したての頃、真夜中にガバッとはね起きて突然バットを振り始めるので、「気がふれたのではないか」と、奥さんは思ったそうである。寝酒に酔ってイビキをかいていたのでは、とてもガバッとはね起きるわけにはいかない。

人生の目標が霧の中では、とかく何かに溺れやすい。人生目標が鮮明ならば、もっと価値のあることにエネルギーを注ぐものである。

10　努力の「投資先」を間違えるな！

〝打撃の神様〟と呼ばれた川上哲治さんが、日常の生活すべてを野球に結びつけていたことは、前項で書いた。

あることに情熱を集中する、あるいは上達したいと熱望する、または、あることを好きでたまらなくなる。すると、意外にも多くの人が、川上式の生き方をしているものだ。

最近のことだが、四十名ほどの人たちと、終日バスの旅をした。すると当たり前ながら、あちこちで休憩をする。

ところが、わずかな休憩を利用して、傘を使ってゴルフの練習をしている人がいるのである。熱心な人である。

しかし熱心と言えば、この人以上に熱心かもしれない人を、駅のホームなどで見かけることはよくある。あるときなど、近辺の人がいやな顔をしているのに気づいたのか、ホームのいちばん端まで行って、同じく傘代用で素振りをしている人もいた。

ただ他人事ながら、こういう人たちが生涯現役でいられる技を磨くとか、知識を修得するとか、そういうことに関して、はたしてゴルフの練習のように熱心になれるのだろうかと思う。私は、そうでない人の多いことをよく知っている。遊ぶことには熱心になるが、勉強することには熱心になれないのだ。こういう生活態度は、ボクシングで食らうボディーブローと同様、後になって手ひどいダメージを本人が痛感するのではあるまいか。

日本人として初めて全米スポーツキャスター賞を受け、退職後もＮＨＫとの契約キャスター第一号となった羽佐間正雄さんは、次のようなことをやったそうだ。

野球の実況のワンパターン表現に、「ピッチャーふりかぶって、第一球、投げました。ストライークッ！」という言い方がある。

彼は、自分なりにもっとベターで、しかもいつも新鮮な表現法で実況してやろうと考えた。

そして、こう思い立ってからのことを、自著に次のように書いている。

「そこで、仕事場を離れたときも、いつもそのことを念頭に置いて、何かいい表現法を思いついたら、昼間であろうと夜中であろうと、忘れないうちにメモし、それを口に出しては、頭の中に詰め込んでおくようにした」（『実力とは何か』講談社）

パレートの法則というのがあるが、これは、「重点を絞り込んで、そこにパワーを集中しよう」という考え方である。川上さんにしろ、いま紹介した羽佐間さんにしろ、目標をハッキリと絞り込んでいることから、パレートの法則を生かした人とも言えよう。それをあなたにもお勧めしたいものである。

第十章

人生〝分け目〟の複合作戦

1 〝高配当〟を約束するブレイクスルー（現状打破）

私の過去を振り返ってみて、つくづく思うことは、三十五歳から四十五歳頃までの十年間で、人生をどの方向に進めていくか、あるいはその結果を吉にするか否かが決まると言っても過言ではないということだ。それほどこの十年間は重要だと思う。

私事になるが、私の場合、いわゆるサラリーマン生活にピリオドを打って、経営コンサルタントの第一歩を踏み出したのが、ちょうど三十五歳だった。

一般的には三十代後半というのは、人並みの失敗体験も二十代にやり、そして失敗は成功の母ということで仕事のキャリアも積む。加えて体力も、よほど特別な事情でもないかぎり、たまの徹夜にも耐えられる。また家庭の状況にしても、子どもも乳離れして幼児時代のように手のかかる時期でもない。家庭的にも円熟時代である。

いわば、十代が助走期、二十代が離陸期だとすれば、三十代は上昇期であり、四十代は巡航期だと言えよう。いわゆる脂の乗った人生ステージである。

とにかく三十代や四十代というのは、何と言っても心身ともにスロットルバルブを全開にできる、人生のフル回転、フル操業時代なのではあるまいか。

大手企業A社の社長が、ある部長に財務に関することを尋ねた。実はその部長は財務担当ではない。彼はこう答えたというのである。

「そのことでしたら、私はよくわかりませんが、S部長にお聞きになったらわかると思います」、そう言って財務部長の名を挙げた。

この返事を聞いた社長は、次のように語っている。

「こんな返事では、絶対に取締役にはなれません。財務のことは財務の人間に聞けばわかることぐらいは当たり前。そのことを承知のうえで、なぜ社長が自分に尋ねているかがわからんようではダメなんです。

なぜ、『的確ではないかもしれませんが、私はこう思います』と、答えられないのでしょうか。財務のことは担当じゃないから知らん、というセクト意識は問題です」

三十代から四十代の十年間は、こういうセクト意識を打ち破るブレイクスルー（現状打破）のライフステージだと考えたほうがいい。そのためには、前にも書いたが、二十代、三十代の若いうちに、進んで他部門を経験したり、苦手な分野を勉強しておくべきだ。

人間とは、しょせん知識や経験の範囲でしか物事を見ようとはしないものだから、こういうパワーのある年代のときブレイクスルーに挑戦する人には、必ず後になって配当が戻ってくるはずである。

2 この〝頭の切り換え〟ができなかったばかりに……

日本IBMは、社員の高齢者対策の一環としてICES（インターナショナル・コンサルテーション・アンド・エデュケーション・サービス）という会社をつくっている。

この会社の定年は六十五歳、IBMのほうは六十歳だから、五十五歳になった時点で、①本社に残って六十歳を迎えるコース、②ICESに移って六十五歳まで働くコース、この二つのうち一つを選択するのだそうだ。

ちなみに高齢者対策用の会社は、ICES以外にもあるが、問題なのは、大企業意識をさっぱり捨てて、部下のいない仕事に耐えられるかどうかということらしい。

そこで社員に向けて、次のようなプリントを配る。「ICESに入社する前によくお考え下さい」と題したものだ。そこには、こんな文面が見られる。

「過去の栄光を忘れることができますか？　大会社意識をお捨てになれるでしょうね。変な自尊心が鎌首をもたげることはないと断言できますか？　ワープロやコピーなど今まで部下がやってくれた仕事まで、何でも自分でこなす覚悟がおありでしょうね」

非常に現実的な指摘だと思う。

ある銀行の支店長が、肩叩きにあって小さな会社へ出向したときのことを語ってくれたことがある。

「コピーの取り方もわかりませんでね。私の娘のような女性社員に教わるんですよ。来客にお茶を出すのも、自分で紙コップに給水器から注いで出す。

別に威張ろうというわけじゃありませんが、自分はもう支店長じゃないんだという、過去と断絶するのに二カ月ぐらいはかかりましたね。長い間の習慣への執着もありますから、やはり悩みましたよ」

過去の肩書きや習慣からなかなか抜け出せない人は、その人自身が苦しむ。つまらないはねっ返りを自分でかぶるのである。転職をしたときなどにも同じことが言える。

大企業に勤続したKさんの場合は、電話を交換手経由で受ける習慣がついていた。ベルが鳴ると受話器を取り上げて、「はい」と言うだけ。後は交換手が「どこどこから電話です」などと言うから、対応はそれから決めればいい。客ならばそれから丁寧にやればいい。とにかく受話器を取っての第一声はただ「はい」と言うだけ。

やがてKさんは、小さな会社へ転職することになったが、三か月後にはそこを辞めた。というより辞めざるをえなかった。「ありがとうございます、〇〇社です」という、たったそれだけが言えなかったからだ。

3 その〝常識〟は第三者にも通用するか

社内の常識がそのまま世間の非常識でもある、というケースは多い。端的に言ってそれに気づくのは、その会社から一歩退いて第三者になって見るようになってからだ。

例証―一

総合商社S社系列のコンピュータ関係の会社から再三講演の依頼を受け、ようやく仕事の正式スケジュールに組み込んだ。

他社からの引き合いに対しても、「あいにくですが先約がございまして……」と断って、S社の日程を確保した。

ところが、急に白紙撤回の電話が入った。私は何も言わずに(言ってもS社の非常識感覚で理解は無理と判断)、スケジュールを抹消した。数十万円の損失である。他社からの引き合いをお断りした分である。

例証―二

S銀行の担当者が、私の妻に、「新しくこの書類を提出しなければ、あちらの書類に押印はできません」と言って、私が持たせた書類をつき返した。

結論は、銀行側が私の書類をろくに読まず、勝手に誤って判断した結果で、担当者は電話で、「すみませんでした」と三回詫びた。結果は二週間の手続き遅れになった。

さて、以上二例だが、例証－一の場合の常識は、責任者が担当部下に対して、「そこまで約束したんだったら、ここで変更を先方に望むのはたいへん迷惑をかけることになる。うちのほうを先方に合わせなさい」と言うべきだ。

ところが、自分のほうはそのままにして相手に対して、〝自分（自社の都合）に合わせる〟ことを要求する。これを称して、世間の非常識と言う。

次の例証－二の場合だが、完全に銀行側のミスで、客を何日間も待たせ、そのうえ二重手間をかけるという、まったく無用の心身労働を客に強いているわけだから、「こんなミスをしました」という報告体制が銀行内にあるべきだ。そして責任ある上司が私の家まで来て、「このたびはすみませんでした」と詫びるべきである。これもまた、世間の常識なのである。

どんな一流大学を出た人間にも、赤ん坊のような一面があることを知るべきだ。たとえば赤ん坊を縦縞の壁面ばかりの部屋で育てると、横縞は識別できなくなることが実験結果で証明されている。

これと同様、社内の常識イコール世間の非常識の組織に長くいると、世間の常識を〝人間としての常識〟として識別できなくなるものである。

4 斜陽人間への「直通列車」

古い話になるが、各地の炭鉱がどんどん閉山して、炭鉱離職者が続出した頃のことである。政府は家を持たない（ほとんどの人は社宅に住んでいた）これらの人向けに、特別に離職者向け住宅をつくり援助をした。就職面では、雇用促進事業団が再就職を推進した。

炭鉱離職者を多く雇用した鋳物工場の社長が、私にもらしたことがある。

「仕事はよくやってくれるんですが、生活設計が下手な人が多いですね。そっちのほうの指導に、けっこうエネルギーを取られます」

たとえば給料日の前に、金がなくなったからと言って前借りにくる。酒を飲み始めると、いとも簡単に飲みすぎて休む。電気料をなかなか払わずに、電力会社から会社に連絡がくる。水道代も同様で何カ月分も滞ってしまう。

「とにかく、あれこれと雑用が増えて、総務スタッフまで増員しました」と言うのである。

ご存じない人のために説明を加えると、炭鉱の社宅というのは、一部例外を除いて、家賃、電気代、水道料、燃料にコークスを使っていた頃はコークス代、これらがすべて無料だったのである。

つまり、炭鉱離職者たちにとって、家賃を払う、電気料を払うなどというのは、過去にそういう生活習慣がなかっただけに、まったく余分な負担を強いられた気持ちだったのだ。新しい生活設計を立てるべきなのに、古い生活習慣をそのまま持ち込むので、生活設計も無に等しくガタガタになったのであろう。

こういう例に学ぶべき人がいまも少なくない。それは、会社の金で飲む、会社の金でゴルフをする、会社の金でタクシーを利用する、要するに、他人のふんどしで相撲を取る習慣を持っている人たちである。こういう人を社用族と言うが、こんな人たちの中に、会社を離れていくらも経たないうちに、斜陽族になる人が多いということである。

自問自答してみるがいい。

「飲みに行っても、案外気前よく飲んでいるが、自費だったらどうするか？」

クラブで高級な洋酒しか飲まなかったのが、定年後はもっぱら自宅で焼酎を飲んでいるという人も多いのだ。

中には、民営化された企業のトップで、奥さんの下着まで社費で買ったと週刊誌で報道され、世間の大ひんしゅくを買った例まである。狂った生活設計の典型的な例だ。

ケチな根性を持っていると、人生そのものもさもしくなる。いつも襟を正して生活する人には、貧乏神や災難は避けて通るものである。

5 「殿」ではサマにならない

時代がどう変わろうとも、これから書くマナーは、最低の意識基準と思って間違いはない。あなたの心にとどめておいて、後輩や部下にも指導されたらどうだろう。

一、愛読者から留守中に電話。「では、二見さんが帰ったら、相談したいことがあるから電話ください」とのメッセージが残っていた。

この場合は相談をお願いするのだから、「では、あらためてお電話します」というのが最低のマナーである。

二、手紙に、「二見道夫殿」と書いてある。「殿」の現実の用いられ方は、目上から目下への場合。だから役所でさえ、最近では国民に出す手紙には、あて名に「殿」をつけるのはやめて、「様」をつけている。

殿ではサマにならないことを知ろう。

なお、会社の常識は社会の非常識ということがわからない大企業ほど、いまだに「殿」書きを続けているものだ。

三、手紙、連絡文書などの最後には、必ず「○月○日」と入れるべきだ。なぜか？　たとえば仕事で取引き先との間に問題が起こった場合などには、〝その連絡がいつされたか〟といったことに焦点をあて、責任のありかを追及することが多い。後にいらぬ苦労を背負い込まないためにも、○月○日という発信月日は必ず書いておきたい。

四、面倒くさがる性格は悪だ。近くにゴミ箱があるのに、タバコの吸いがらをポイ捨てする。少し歩けば空き缶を捨てる場所があるのに、ポイ捨てやポイ置きをする。「なぜそんなことをするのか？」と尋ねると、「面倒くさいから」という返事。

面倒くさがりが個人の問題で済んでいるうちはいいが、こうなると社会全体の〝大迷惑〟だ。「面倒くさがる性格は悪だ」というのは言い過ぎではない。

五、混雑している道を歩いているとしよう。こういうとき、人の直前を斜めに横切って歩く若者が少なくない。それも二十センチほどの間合を、フルスピードで通りすぎようとする。こちらとしては、ステップでも踏んで急ブレーキをかけないと、その若者にぶつかってしまう。「道を譲れ」とは言わない。ただ「気を遣う」くらいはするべきだろう。

以上の五例は、最低のマナーの問題として書いた。

マナーとは、フランス語のエチケットに通じるが、エチケットには、「他人の心を土足で踏み荒らさない」という意味がある。そのことを心得ておきたいものだ。

6 〝いらぬ心配〟をシャットアウトする最高の養生訓

私が子どもの頃は、「寝る前にモノを食べると腹が痛くなる」などと注意されて、子ども心にそう信じていたものだ。もしかしたら、食糧不足時代の大人の知恵だったのかも……と思わないでもないが。

ところで、実際は寝る前の飲んだり食べたりは、身体がどんどん養分を吸収するのである。つまり、昼間活躍していた交感神経は、個人差はあるが夜の十時頃から姿を消して、代わって副交感神経の出番になる。

この副交感神経には、胃液の分泌を増やす働きがある。つまり胃は、中に入ってきたものを待ってましたとばかりに消化しようとする態勢に入るのである。

「消化が悪くなるから、腹が痛くなる」と脅された子どもの頃の知恵とは逆に、どんどん消化してしまうのだ。

その反面、副交感神経には、物質代謝を下げ、血圧や体温を下げる働きもある。何のことはない。栄養はどんどん取り込むのに、カロリー発散はしない。翌日の活動のために、ため込むばかりなのである。

結論は中性脂肪を増やし、肥満体になるための強い支援体制をつくり上げる。この総元締めが副交感神経と思えばいい。

だからと言うべきか、作家など夜型執筆の人で、夜食を摂るタイプに肥満体の人や、中性脂肪の多い人（肥っているとは限らない）が目立つ。

このように、体の新陳代謝が減るのに、どんどん栄養分を取り込むのは、結果としてだが、「反比例的な飲食」ということになる。

したがって、いずれ将来「体調を崩して病気になるぞ」、と望む人は、進んで反比例的な飲食習慣を続ければ、そのうち間違いなく体調ダウンが保証できる。

要するに、夜は自律神経のうち副交感神経が主導権を握るのだから、これに逆らわないことだ。若いときは、いろいろな生理機能はハイレベルにあるから、調子の悪さを自覚しないが、マイナス影響を受けていることは間違いない。

医食同源と言われるが、食（飲）生活は毎日のことだからこそ、食生活の習慣しだいで、しなくてもいい病気を引き起こす。そういう意味で、食生活に起因する病気は、〝悪の習慣病〟ということもできる。

ちなみに、高血圧で医者にかかる人は、年を追って増加中だが、その中に、子どもが急増中という。夜、塾から帰宅して夜食を食べる子どもも例外ではないということだろう。

7 あたら〝命〟を縮める、とんでもない錯覚

いちばん長生きするのは七九・五歳で僧侶、いちばん短命なのが小説家とスポーツ選手で七一・五歳、就業者全体での平均寿命は七四・二歳。

これは職業集団別の平均寿命調査の結果である（郡山女子大学・森一教授調査、調査対象六一二二名）。

こういう調査というのは、調査対象者や人数、あるいは時期などによって微妙に変化するから絶対視するわけにはいかないが、大いに参考にはなる。

ここでは、スポーツ選手が早く死ぬという点に注目して考えてみたい。ただ、スポーツとひと口に言っても、相撲もあればゴルフもあるし、ある種のスポーツ選手に短命が多いから、データ的に平均寿命をぐっと短くしているのかもしれない。詳しくは別に譲るとして、ここでは、「運動すること自体が、長生きすることにはならない」ということを特に述べる。

さて、私の家の前をジョギングで走り抜ける人を最初に見たのは二年ほど前だった。二回、三回と見るにつけ、私もしだいにその人を意識するようになった。

というのは、この人のジョギングはマラソンに近い走り方で速く、いつも汗びっしょり。

短パンにランニングシャツ姿で真剣な表情である。私みたいに、たまには脇目をしながらというのとはまるで違う。

ところがつい最近のこと、いつも行く床屋の主人とその話をすることになった。この主人も、店の前を汗びっしょりで走るこの人をときどき見ていたというのである。

「あのジョギングの人、最近とんと見なくなったね」と言う私に主人は教えてくれた。

「あの人は、この間亡くなったそうですよ」

詳しく聞いてみると、このジョギングを続けていた人は、四十代のサラリーマンだったらしい。ある日曜の朝も、いつもどおり走るという主人に、奥さんが、「夕べは飲んで帰ったんだし、今朝はやめたら」と言ったが、それを振り切って出かけてしまった。しかし戻ってシャワーを浴びているうちに気分が悪くなり、そのまま亡くなった。心筋梗塞だった。

運動をする＝丈夫になれる＝長生きする。こういう図式を短絡的に鵜呑みにしていると言うか、錯覚している人は意外に多い。

適度の運動をすることが、健康体を維持して、結果として長生きをする面は確かにある。しかし、だからと言って病魔まで近づけない効果があると思うのはとんでもない錯覚だ。

「ええ、あの人が？」と、健康のサンプルみたいな人が突然亡くなる例は多い。

ポイントは、何事も「無理してまで力んでするな」ということである。

8 人生〝分け目〟の複合作戦

よく「先手を取る」という言い方がされるが、これは〝先を読む〟ことであり、〝群より一歩抜きん出る〟ことである。

ではここで、一人の青年に登場してもらおう。その人の名はNさんという。

Nさんは、高校中退だ。不良仲間に入って横道にそれたためだ。しかし、やがて自分の人生を考えるようになり、「このままでいいのか？」と自問する。すると「ダメだ、こんな生き方をしていたら、おまえは間違いなく人生の落伍者になるぞ」と、もう一人の自分が言う。考えに考えを重ねた結果、やがてNさんは経理業務科のある夜間の総合職業訓練所に入った。そして昼間は、ある会計事務所に就職したのである。

さてそれから十年後、Nさんは税理士の資格を得ていた。そして、いまはスタッフ十名以上を抱える会計事務所の所長であり経営者だ。

ここまで読んで、青年時代のNさんの〝先手〟を察していただけただろうか。

彼は、夜間は職業訓練所で基礎を学び、昼間は職場で実践して学ぶという、一種の複合作戦を実行したのである。さらにNさんの先手は、「簿記の公認テストで一級を取れば、税理士受験資格ありと認定される」というところまで先読みしていたところにある。

いつの時代にも、「こんな理由で、とてもそんなことは自分にはできない」と言う人は多い。その理由とは、「金がない」、「学歴がない」、「自分には合わない」、などさまざまである。

しかし行動を起こして結果を出す人というのは、できない理由に執着する代わりに、「何か道はないものか?」と考えるものだ。

話は変わるが、いま中堅規模以上の企業で、静かに、しかし着々と〝早期退職制度〟が広がっている。四十歳以上の社員を対象に、「会社を辞めませんか。退職金など優遇しますよ」という制度である。

いくら優遇するとはいえ、「あんたは会社にいなくてもいいんだよ」という企業側のメッセージであることに代わりはない。

では、なぜ四十歳以上の人が対象かというと、その最大理由は二つ。

一つは、頭脳がブロック・ヘッド(発想の硬直を指す)化していること。二つは、フットワークの鈍化である。

その点若い人は、柔軟な思考力と、フットワークの軽快さがある。有利な条件が、山ほどある。だから、これら有利な要件に「先手の行動」が加われば、鬼に金棒であることに間違いない。こんなすばらしい「金棒」を自分のものにしようとは思いませんか。

9 この〝矛盾の海〟をどう泳ぎきるか

「水清くして魚棲まず」とは、誰でも耳にした格言だと思うが、俗っぽく要約すれば、「クソ真面目だけじゃ、世渡りはうまくできないよ」ということである。

ところで、次の格言や箴言を上下対照して見ていただきたい。

善は急げ――――――急がば回れ
はじめが肝心――――終わりよければすべてよし
君子危うきに近寄らず――――虎穴に入らずんば、虎児を得ず
武士は食わねど高楊枝――腹が減っては、戦はできぬ
大器晩成――――――せんだんは双葉より芳《かんば》し
ウソも方便――――――ウソは泥棒の始まり

上と下はまるで正反対のことを言っている。矛盾そのものである。純粋人間、真面目人間から見れば、「いったい、どっちの言葉を信じればいいんだ」ということになろう。

もしも私に、「君はどう思う、判断しなさい」と言われたら、「時と状況によりますが、どちらも本当」と答えるだろう。

イトーヨーカ堂の伊藤雅俊さんが、ある日地方の支店に出張した。正面出入り口を入った付近に紙くずが散らかっている。そのことを店長に指摘すると、すぐさまほうきを手にして、〝丁寧に〟掃き始めたという。その様子を見て伊藤社長は、自著にこう書いている。

「客の出入り盛んな状況下だから、この際の掃除は早くやることがポイントです。紙くずだけを拾っておけばいい。丁寧にやるのは後でいいんです」

「掃除はきちんとやるように」と指導されると、周囲の状況に関係なく丁寧にやるような人は、矛盾の多い現実の世の中にうまく対応できないものだ。

「善は急げ」と思い込むと、「ここは一呼吸の間を置くところ」というような配慮が働かないものだ。一辺倒になるのだ。世間を広く勉強していない人ほど、こうなりやすい。

「朝一番に掃除をしよう」ということになっていても、「今朝はA社に電話するのが先」ということだってある。

状況はつねに動いている。明日は今日の続きだが、今日とは異相の一日だ。右方向へ進むつもりの賢人は、左がいいよと反対の意見を言う人からも学び取る。一辺倒の人は、深い思考力が欠如しているのだ。

矛盾を調和する力を持つときに、人はしなやかで強靱な世渡りができるだろう。

本書は、東急エージェンシー出版事業部より刊行された『転ばぬ先の知恵』を、文庫収録にあたり加筆・改筆し、改題したものです。

二見道夫（ふたみ・みちお）
経営&マーケティングコンサルタント。コンサルジャパン協導機構の代表コンサルタント。経営診断、能力開発を中心に企業の教育訓練、執筆、講演などで活躍中。
著書に『実践！「孫子の兵法」を生かす本』『一日10分、通勤電車で「読むクスリ」』『この頭の使い方ができない人は一生苦労する！』『セールスの極意』（以上、三笠書房《知的生きかた文庫》）など多数がある。

コンサルジャパン協導機構
〒171—0022 東京都豊島区南池袋2—14—1—105
TEL 03（3981）7394〈代表〉
FAX 03（3689）9377
Eメール m.futami@SWEET.ocn.ne.jp

知的生きかた文庫

一日一話《いちにちいちわ》、寝《ね》る前《まえ》に「読《よ》むクスリ」

著者 二見《ふたみ》道夫《みちお》
発行者 押鐘冨士雄
発行所 株式会社三笠書房
郵便番号一一二—〇〇〇四
東京都文京区後楽一—四—一四
電話〇三—三八一四—一一六一〈営業部〉
〇三—三八一四—一一八一〈編集部〉
振替〇〇一三〇—八—二二〇九六
http://www.mikasashobo.co.jp
印刷 誠宏印刷
製本 若林製本工場

ISBN978-4-8379-0789-X C0136

「知的生きかた文庫」の刊行にあたって

「人生、いかに生きるか」は、われわれにとって永遠の命題である。自分を大切にし、人間らしく生きよう、生きがいのある一生をおくろうとする者が、必ず心をくだく問題である。

小社はこれまで、古今東西の人生哲学の名著を数多く発掘、出版し、幸いにして好評を博してきた。創立以来五十余年の星霜を重ねることができたのも、一に読者の私どもへの厚い支援のたまものである。

このような無量の声援に対し、いよいよ出版人としての責務と使命を痛感し、さらに多くの読者の要望と期待にこたえられるよう、ここに「知的生きかた文庫」の発刊を決意するに至った。

わが国は自由主義国第二位の大国となり、経済の繁栄を謳歌する一方で、生活・文化は安易に流れる風潮にある。いま、個人の生きかた、生きかたの質が鋭く問われ、また真の生涯教育が大きく叫ばれるゆえんである。そしてまさに、良識ある読者に励まされて生まれた「知的生きかた文庫」こそ、この時代の要求を全うできるものと自負する。

本文庫は、読者の教養・知的成長に資するとともに、ビジネスや日常生活の現場で自己実現できるよう、手助けするものである。そして、そのためのゆたかな情報と資料を提供し、読者とともに考え、現在から未来を生きる勇気・自信を培おうとするものである。また、日々の暮らしに添える一服の清涼剤として、読書本来の楽しみを充分に味わっていただけるものも用意した。

良心的な企画・編集を第一に、本文庫を読者とともにあたたかく、また厳しく育ててゆきたいと思う。そして、これからを真剣に生きる人々の心の殿堂として発展、大成することを期したい。

一九八四年十月一日

刊行者　押鐘冨士雄

知的生きかた文庫

すごい「実行力」

石田　淳

100％の「実行力」が身につく本！「計画通りに仕事が進む」、「挫折をせずに続けられる」「苦手を克服できる」——など、たった3日で成果が出る！

図解　世界がわかる「地図帳」

造事務所

「世界一石油を消費する国」「世界一徴兵期間の長い国」……など、95の新しい視点で世界を切り取った地図帳。「今の世界」「10年後の世界」が見える！

3時間熟睡法

大石健一

朝起きても熟睡感がない、朝早く目覚めてしまう、夜中に何度も目が覚める、寝つきが悪い、起きたい時刻に起きられない……こんな悩みは「3時間熟睡法」ですべて解決！

話すチカラをつくる本

山田ズーニー

「説明上手になる方法」「自分の意見を100％通す話し方」「初対面でも信頼されるコツ」まで満載！　ＮＨＫで放映され大好評のメソッドを完全収録。

インド式かんたん計算法

ニヤンタ・デシュパンデ［監修］／水野純［著］

たとえば、「72×78」を3秒で解く！　本書では「目からウロコの解法」をわかりやすく紹介。大人も子どもも、楽しみながら「算数脳」になれる一冊です。

C50023

知的生きかた文庫

図解
「話し方」のコツ42

効果は"スグに"現れます!

「話す力」が面白いほどつく本

CNS(株)
話し方研究所所長
櫻井 弘

「話し上手」になるのは、こんなに簡単なことなのです!

――「話す技術」「聞く技術」早わかりBOOK

「話力のガイド」として365日、手元に置いてください!

1 ポイントは二つ。どんな相手も、この言い方なら素直に耳を傾ける!
2 たったの一語! ちょっと気をつかうだけで〝巧みな説明〟ができる!
3 見つけてしまえば、あとは簡単! 話し方のクセを完全に克服する法
4 「敬語」は難しくありません! 絶対の自信がつく、私流アドバイス
5 まず、やってみよう! 「話す力」を楽に伸ばす〝実践トレーニング〟
6 あなたは知ってますか? 社会人の「電話のかけ方」常識中の常識!